變遷過程大解謎 過去與現在的工作演變

隨著時代改變，工作內容與方法都產生了變化。一些自古就已經存在……有著驚人的演變！

治療疾病與傷口的工作

▼古代治療疾病的方法大多是占卜或施咒（巫術）……都是現在看起來十分危險的……療技術發達，人們根據醫學……療方法。最近更發展出智慧……與通訊科技）以及人工智慧……

古代醫療（埃及的康……）

iStock.com/Ralf Menache

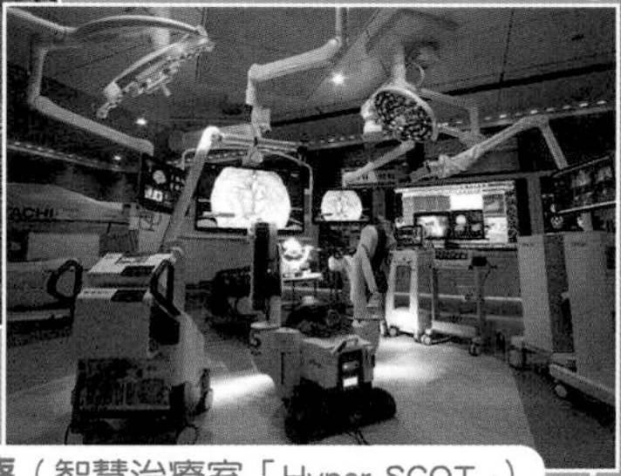

現代醫療（智慧治療室「Hyper SCOT」）

影像提供／日本東京女子醫科大學先端生命醫科學研究所

……教育工作

▼無論哪個時代，都是由老師悉心教導學生各種知識。日本江戶時代有所謂的「寺子屋」，傳授學生讀書寫字、數學等知識。如今老師運用 ICT（資訊與通訊科技）等技術，讓學生獲得更高品質的教育體驗。

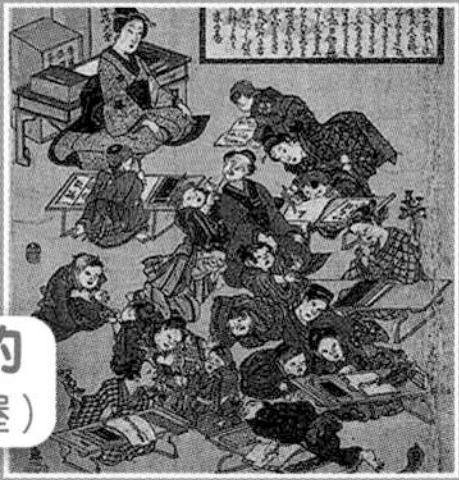

江戶時代的教育（寺子屋）

善用 ICT 的現代教育

iStock.com/xavierarnau

蓋房子的工作

▼古代的建築物都是用沉重的石頭與木材等天然材料興建而成，而且全靠人力搬運。隨著機械工具的發達與普及，建築工作變得更有效率，也能打造出需要高度技術的建築物。

iStock.com/duncan 1890

古代的建設

現代建設（杜拜的摩天大樓）

iStock.com/clearandtransparent

驚人的古代人工建物

埃及金字塔

iStock.com/karimhesham

▲距今 4000 多年前建造的埃及金字塔，已被列入世界七大奇觀之一，人們至今依舊無法釐清，金字塔到底是怎麼被建造出來的。

工作用具的今昔演變

工作內容改變，使用的工具也會出現變化，一起來比較現在和過去的工作用具吧！

商品買賣

用算盤算帳

iStock.com/NicolasMcComber

▲以前的人使用算盤，無論買或賣都是以雙手和大腦來算帳。

電子支付

iStock.com/AsiaVision

▲如今越來越多人使用電子支付（電子錢包），有些商店即使沒有店員，也可以自動結帳喔！

事物記錄

iStock.com/Adobest

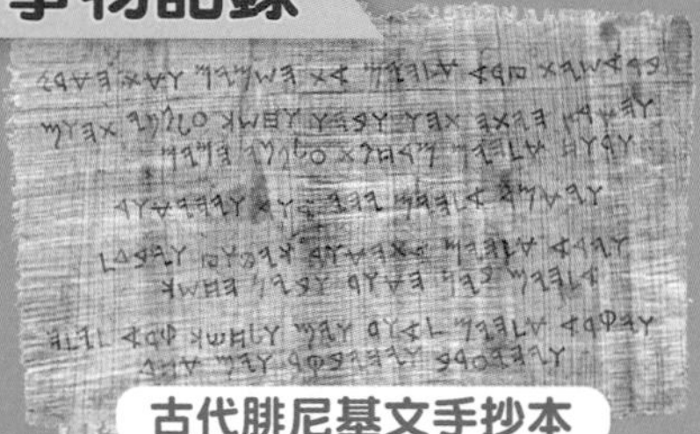

古代腓尼基文手抄本

▲古代人大多是以紙或樹木作為記錄文字的載體，當時也有許多人是以寫字維生。

3D 列印機

iStock.com/kynny

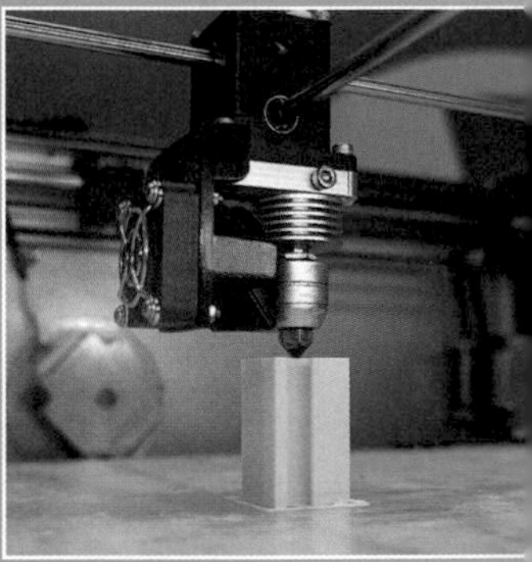

▲如今，大多數人是以電腦等電子儀器記錄重要的資訊，隨著 3D 列印機（如右圖）逐漸普及，甚至能做出立體的物品。

貨物搬運

利用動物搬運

iStock.com/gnomeandi

人力搬運（賣水的青年）

▲過去大多使用人力或動物搬運貨物。有些人從事的工作是靠著自己的雙腿，幫人運送信件或貨品到遠方。

無人機送貨

iStock.com/PhonlamaiPhoto

▲隨著汽車、鐵路、船舶、飛機等交通工具普及，人們可以更快且更有效率的運送重物。最近還有公司已經成功利用無人機送貨。

最新技術改變了工作型態

隨著機器、網路、人工智慧（AI）的進化，人類的生活也變得更加便利且多采多姿。

協助民眾的生活

無人駕駛
電動卡車
DFDS
影像提供／
富豪卡車公司

▲這是富豪卡車公司研究開發的「Vera」，如果無人駕駛電動卡車可以進入實用化階段，就可以在無人駕駛的狀況下，更安全的執行運送大量貨物的工作。

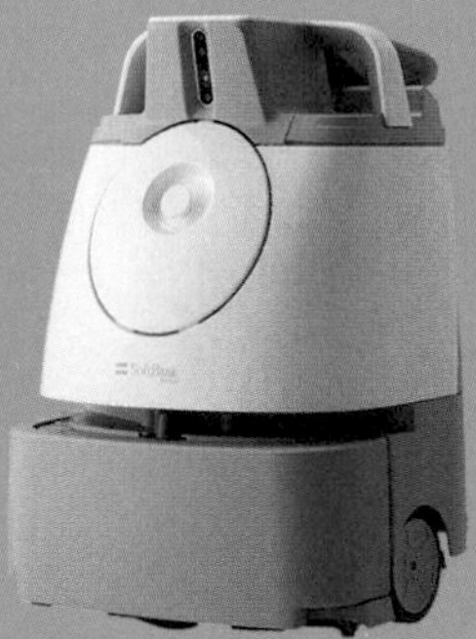
掃地機器人
影像提供／軟銀機器人公司

▲此款「Whiz」是搭載人工智慧的掃地機器人。掃地機器人可以避開牆壁、物品與人，自動清潔地面。隨著技術越來越發達，目前已經開發出可以在公司、車站等寬敞人多的地方使用的機型。

貢獻社會、幫助他人

在車站工作的機器人
iStock.com/VTT Studio

◀懂得多國語言的機器人「Pepper」駐守在車站、機場等人潮聚集的公共場所提供服務，協助外國人、身障朋友以及所有的旅客解決問題。

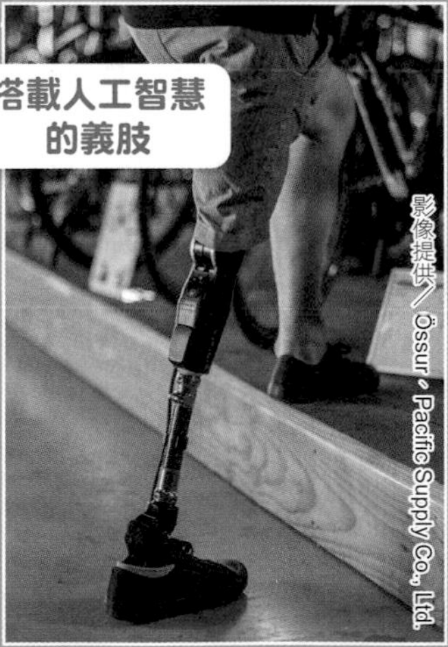
搭載人工智慧
的義肢
影像提供／Össur，Pacific Supply Co., Ltd.

▲這是奧索公司的仿生磁控義肢「銳歐 XC」。有些人因為生病或受傷失去手腳，此時就能安裝義肢，恢復手腳功能。搭載人工智慧的義肢，可以感應肌肉的電波訊號，就能像真正的手腳一樣，遵循本人意志活動手指與關節。

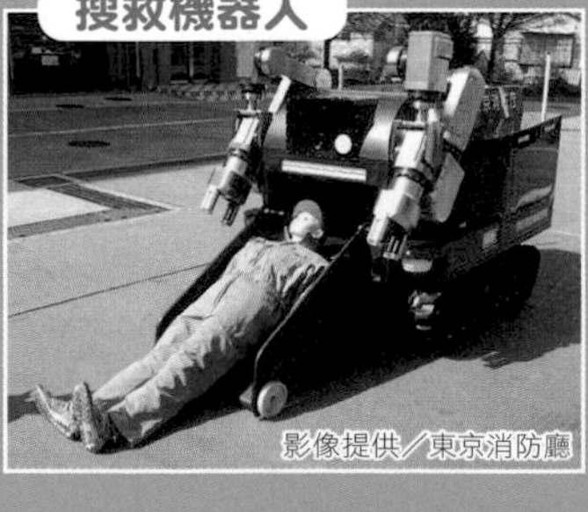
搜救機器人
影像提供／東京消防廳

▶這是日本東京消防廳的搜救機器人「RoboCue」。有些災害現場對人類來說相當危險，於是專家利用機械特性投入搜救機器人的研究與開發，在災害現場支援救難隊並協助救助受害者。

※此為 2020 年資訊。

體驗各種工作！

在各地都有可以體驗各種工作設施與場所，有興趣的讀者不妨上網搜尋，親自去體驗看看！（請參閱 185 頁）

麵包師傅

LION
牙科醫師

警察

以孩子為主的趣志家兒童職業體驗城

影像提供／趣志家

▲日本的趣志家東京場內的街景。

這是以孩子為對象的職業、社會體驗機構「趣志家」（KidZania），孩子可以在這裡體驗大約 100 種工作與服務。日本共有兩處，分別在東京都的豐洲與兵庫縣的甲子園（詳情請參閱 185 頁）。

職業體驗「ENTRE KIDS」

影像提供／福井商工會議所青年部

這是福井商工會議所青年部主辦的職業體驗教育活動「ENTRE KIDS」，孩子可以在福井市內的店家與企業從事真正的工作，體驗工作的嚴謹，以及工作的精彩與樂趣。

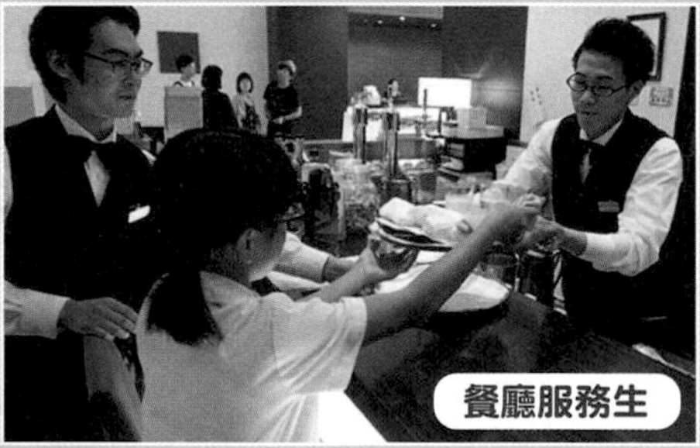
餐廳服務生

化妝品銷售人員

哆啦A夢
DORAEMON

知識大探索

KNOWLEDGE WORLD

萬能工作體驗箱

哆啦A夢知識大探索 萬能工作體驗箱

目錄

關於這本書

這是一本可以一邊閱讀哆啦A夢漫畫，一邊學習工作與職業相關知識的書，既有趣又有用。

我們現在的生活之所以可以如此便利又充實，是因為有許許多多的人堅守著他們的工作崗位。不過，大家知道人類的工作是如何誕生出來的嗎？又是如何演變成各種職業類型的呢？各位可以預測到工作型態與工作方式在未來將如何變化嗎？本書除了介紹目前現有的職業，也會以淺顯易懂的方式解說工作的歷史與未來。

每個人長大後都必須工作，才能維持生活。了解工作的歷史和來龍去脈，或許能改變我們對於已知職業的看法和想法，也有助於我們學習過去從未聽過的職業。歡迎各位參考本書，思考未來的工作世界。

可以預測的是，今後的社會與工作樣貌仍然會持續演變，而打造進化社會的推手，就是正在閱讀本書的你喲！

※未特別載明的數據資料，皆為二〇二〇年五月的資訊。

弄假成真丸

躺在那邊看起來很閒嘛！
沒這回事。
要做的事跟山一樣高。
作業一大堆，
胖虎又叫我去打棒球……
既然如此，為什麼不趕快做呢？
反正結果早就知道了。
打棒球的話一定被三振又失誤連連，
然後會被胖虎修理。
寫作業一定錯誤百出，
然後在學校被老師責罵回到家後被媽媽唸……
既然如此，不如什麼都不做。
這就是你的缺點啊!!

萬能工作體驗箱Q&A

Q 目前日本的就業人數（有工作的人）大約有多少萬人？①兩千三百 ②四千五百 ③六千七百

A ③ 六千七百萬人。大約占日本總人口數的一半，此數據是根據日本總務省統計局二〇二〇年三月的「勞動力調查」。

※ 砰咚

奇怪了，牆上明明比榻榻米的邊緣還寬啊……
這是走在牆上嘛。
把它當作榻榻米就行啦。
那怎麼可能？
那麼……
「弄假成真丸」。
吃下去。
パク
※吞入
不要害怕！
那是榻榻米啊。
咦!!
真的變成榻榻米了。

萬能工作體驗箱Q&A

Q 表示一個國家經濟規模的「國內生產總值」，英文縮寫是哪一個？①GDP ②GNP ③GNI

A

①GDP。GDP是「Gross Domestic Product」的縮寫。二〇一八年度日本的GDP約為五百四十九兆日圓。

但作業還是趕快寫一寫比較好。
可是好難喔。
把它想成是一年級的題目。
哇，好簡單。
1+1=
1+2=
1+3=
1+4=
1+5
你還是辦得到嘛。
出去玩囉。
胖虎很生氣喔。
我忘了。
都是你害得比賽延誤!!
給我認真點~
誰敢失誤有你們好看。

萬能工作體驗箱Q&A

Q 大學生、高中生與職校生為了就業展開的活動稱為什麼？①職業活動 ②求職活動 ③轉職活動

A ②求職活動。通常學生們會參加企業說明會或面試等求職徵選。

聽好，那是氣球不是棒球。
嘿嘿，超級慢速球。
閉上眼睛都打得到。
※鏘
哇！大號全壘打!!
※啪啪啪
パチ
パチ
パチ
大雄好厲害。
打得太好了。
三振出局。
全部全壘打。
今天會贏都是大雄的功勞。
大雄!!
不小心矇到的囂張什麼！

萬能工作體驗箱Q&A

Q 在公司工作獲得的金錢稱為什麼？①稅金 ②薪水 ③房租

A ②薪水。也稱為工資、薪資與報酬，英文是「salary」。

Q 下列哪一項不是日本憲法明訂的國民三大義務？①選舉 ②勤勞（勞動）③納稅

A ①選舉。國民三大義務是「教育」、「勤勞（勞動）」與「納稅」，詳情請參閱27頁。

城真的好大喔。
牢房在哪裡啊？
我們分頭找，你去那邊，我去這邊。
好像會迷路的樣子。
要是有警察局就好了。
這麼難吃的東西誰吃得下啊!?
給我重做!!

※砰咚

你們把城主當成什麼人了？
可惡，氣死我了!!
去散步好了。
再拖下去，遇到城裡的武士就糟了。
請問一下，
牢房怎麼走？
可疑分子別跑！
？
這是什麼？

萬能工作體驗箱Q&A

Q 日本國民滿幾歲開始可以參選眾議院議員（有被選舉權）？①十八 ②二十 ③二十五

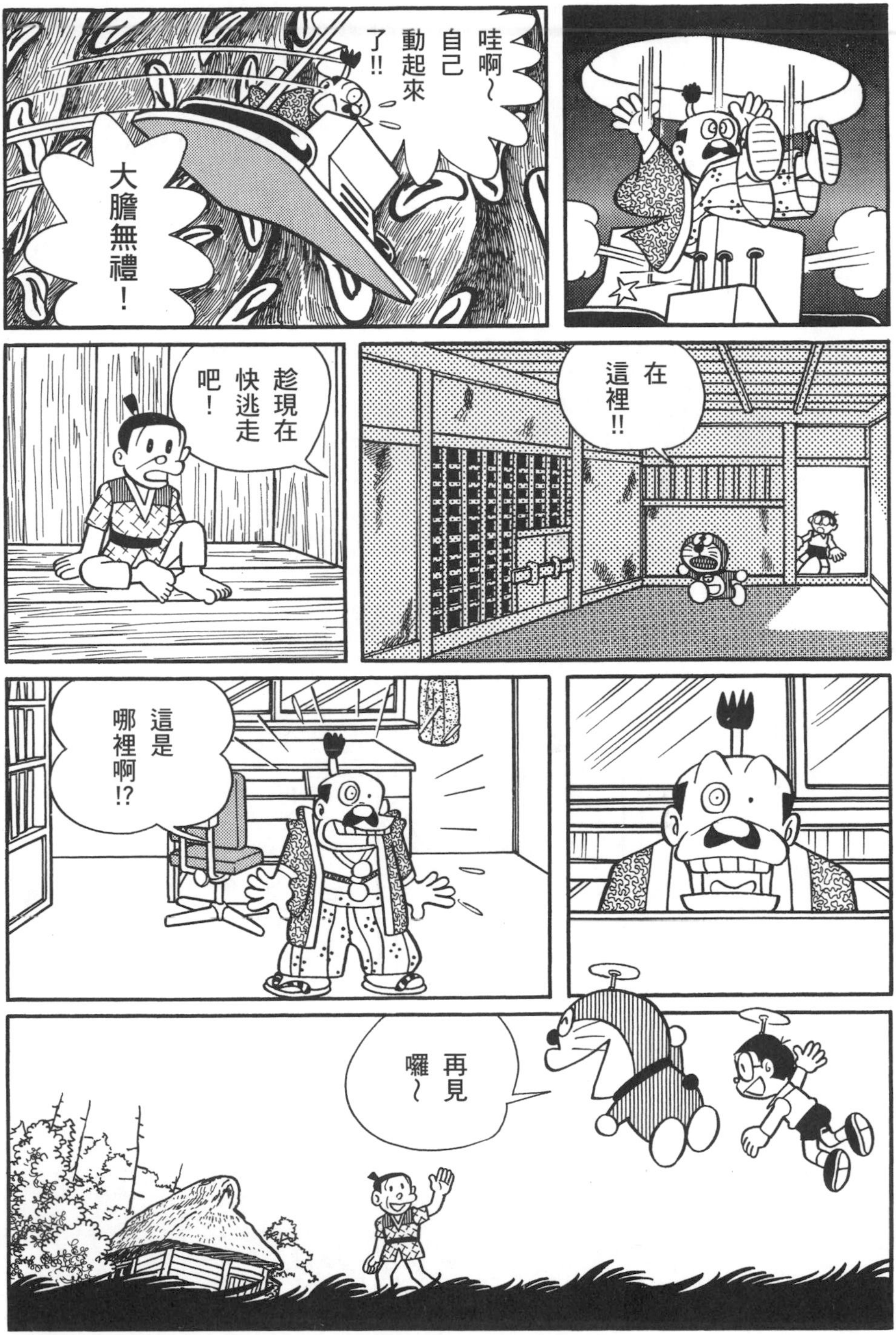

A ③滿二十五歲。而參議院議員的被選舉權（可登記參選且當選後就任公職的權利）則是三十歲以上。詳情請參閱71頁。

回去吧。
「時光機」不見了！
好狹窄的房子，有沒有人在啊？
哇啊~你是誰!?
我是城主。
你這個女人，還不趕快煮飯給我吃。
要是煮得不好吃，我就把你關起來。
居然跑到別人家裡撒野！
你敢用這種口氣跟城主說話？
斬首示眾!!
救命啊！
ビリビリ
ビリビリ

※啪滋、啪滋

萬能工作體驗箱Q&A

Q 我們常稱職業選手為「Pro」，請問是指哪個英文？①Program ②Project ③Professional

為了以防萬一，我帶了「時光電話」。
可以跟二十二世紀聯絡。
喂！哆啦美嗎？快來救我。
哥哥也真是的，竟然把「時光機」弄丟了。
應該是被人搭走了。
喂！
小鬼們。
我不知道回城裡的路。
快替我帶路。
你以為你是誰啊？
奇怪的叔叔。
居然對城主如此無禮！
話說回來，肚子好餓喔。

A ③ Professional（專業）。指的是「專門的」、「專門職業」的意思。

咦？回到家裡了。
再見。
謝謝。
好香的味道……
軒
要吃什麼？
什麼都好，快點拿來。
※吸、吸。
嗯嗯，這個好吃!!
值得稱讚。
您還沒付錢呢。
我可是城主耶！
管你什麼主，四百五十圓拿來。
大膽刁民!!
你這傢伙，居然敢毆打城主！
給我記住！等我回到城裡，一定將你斬首!!

萬能工作體驗箱Q&A

Q 請問日本政府成立的「公共職業安定所」俗稱？①Hello Work ②Good Work ③Thank You Work

A ① Hello Work。以提供國民穩定工作機會為目的，為勞工介紹職業、承辦雇用保險等手續。

萬能工作體驗箱Q&A

Q 日文アルバイト的語源是德文Arbeit，意思是下列哪一個？①學生 ②工作 ③薪水

哆啦A夢!!
什麼？長得像城主的人…
全身髒兮兮的在工作。
軟趴趴的，沒吃飯啊？
對不起。
這樣看來，就算讓他回去也沒關係了吧？
變成體恤百姓的城主了，大家都好高興呢。

A ②工作。在日本，アルバイト主要指的是在學業與本業之外、賺取收入的兼職工作。

大家為什麼要工作？

絕大多數成年人都有自己的工作

各位聽到「工作」首先想到的會是什麼？相信許多家庭的爸爸媽媽，每天都要出門工作。如果你家也是這樣，不妨回想一下你們的父母和家人每天出門工作及回家的時間。與你出門上學的時間相比，你的父母出門工作的時間是跟你一樣，還是比你早出門，但是比你晚回家呢？

有的人自己開店，有的人在家工作，也有的人在平日以外或晚上的時間工作。工作內容不同，工作的地點與時間也不會一樣。大多數成年人都會到企業或公司工作，就像你去學校讀書一樣。

▲你家的早上會出現什麼樣的情景呢？

大多數每天接觸的事物都與各種工作有關

接著來思考一下這個世界上有哪些工作吧！各位現在都沒有工作，平時可能也沒注意到有哪些職業。但每個人隨時隨地都會接觸到與工作有關的事物。

舉例來說，我們身邊絕大多數的物品，都是人類在工作時製造或創造出來的。包括你住的家、就讀的學校，你知道是怎麼建造出來的嗎？所有的建築物都是先由建築師設計建築物藍圖，再由木匠、水泥工等建築業人士共同建造而成。

那麼，食物呢？以稻米為例，農民種植稻米，卡車司機將採收精製過的米運送

▲從農夫種出稻米，到變成餐桌上的米飯，整個過程要歸功於許多從事各種不同工作的人。

至各地，還有人負責檢驗米，確認安全無毒，讓民眾可以安心享用。當包裝米進入超市之後，有人在超市擔任店員，將米賣給消費者。像這樣，許多人付出自己的勞力，才將米送進一般家庭之中。蔬菜、水果、飲料、點心也一樣，都是由許多人一起合作製成的。再以肉品為例，有些人負責飼養牛、豬與雞等家畜家禽，有些人則負責加工；另有一群人在大海捕魚或從事養殖漁業。

吃飯時使用的餐具、調理器具、家電製品、家具和衣服也是一樣。有人負責製造、運送、檢驗與販售，其他許多物品也是經過許多人之手，才到消費者的手中。

每個人堅守自己的工作　讓人類生活更豐富

▲不妨想一想你所知道的或是曾經接觸過的各種職業，包括醫師、警察、消防員、廚師等。

除了上述介紹的工作之外，你一定還看過或是接觸過從事其他各種行業的人。最常見到的就是在學校裡教導各種知識的老師。老師們的職業，就是擁有正式資格的「教師」。

治療疾病與傷口的醫師、守護城市安全的警察也是一種工作；活躍於電視或網路的藝人和歌手也是工作；還有負責撰寫節目腳本的編劇、攝影師、製作場景道具的道具組。各位正在閱讀的這本書，也是由許多人齊心合作、各司其職，才能送到各位手中。

知識小專欄　工作是日本人的義務

日本在國家的根本法律《日本國憲法》中規定了國民三大義務，各位知道是哪三大義務嗎？答案是教育、勤勞（勞動）與納稅。關於勤勞的義務，日本國憲法第 27 條第 1 項規定：「全體國民都有勞動的權利與義務。」雖然說是義務，但它並不是說政府會強迫人民勞動。這項條文的意思是，所有日本國民都有自由工作的權利，有工作能力的人應該努力工作維生。

如果所有人必須自給自足，會是什麼情景呢？

看完上一頁的敘述，各位應該能明白我們的日常生活是由許多人從事各種工作，才能維持正常運作。反過來說，如果大家都不工作了，將會有怎麼樣的影響？各位不妨想想看。

以二十七頁的食物為例，如果沒有人種植稻米和蔬菜、沒有人負責加工肉品、也不再有人出海捕魚的話，各位很可能就吃不到任何食物了。如果演變成這樣的狀況，各位為了維持生活，就必須像古人一樣，自己種植必要的食物，自己狩獵或捕魚才行。

▲如果沒有人負責運送食物，超市貨架上很可能空無一物。

透過分工合作發揮每個人的專長，更能提高效率

此外，就算有人種植或捕獲食物，如果沒有人運送或販賣，也會造成困擾，相信各位都很清楚這一點。農民擅長種植農作物，但不一定懂得販售或運送。如果消費者必須到農民家裡才買得到米，那麼消費者每次要吃飯，就必須花費大把時間與金錢，親自跑到農家購買。另一方面，如果一大堆人跑到農家購買農產品，農民就要花費許多時間接待消費者，根本沒有時間種米種菜，這對雙方來說都很沒效率。

學校也一樣，有些學生比較會讀書（其中還細分為

▲基本上，農民是專門負責種植（製造）稻米的人。各位不妨想一想，若是消費者全都跑到農民家裡買米，將會是什麼情景？

擅長語文、數學的人）；有些學生運動能力很強；有些學生很會畫畫或寫字；有些學生擅長與人溝通；有些學生擅長上台講演；有些學生力氣很大……每個人都有自己的特長。

社會上也是一樣，擅長製造的人專心做東西，同樣的，有貨運流通知識的人或公司就從事物流工作，懂得銷售技巧的人或公司就從事行銷業務。充分發揮自己的特長，分工合作、齊心協力，即可提高效率。

每個人的工作創造出的必需品，建立起便利的現代生活

不只食物，轉開水龍頭就有的自來水，也是多虧許多人的付出，才能維持安全乾淨的狀態，讓每個家庭隨時隨地都能享用乾淨的水。

▲多虧有人供應電力、自來水、瓦斯、網路等各種物資與資源，我們的生活才能如此便利與豐富。

電力也是一樣。如果沒有人負責製造電力，供應至每個家庭裡，晚上整條街都會漆黑一片，我們也就沒辦法看電視，手機和電腦也無法運作。

我們能到街上買東西，要感謝在店裡工作的人；我們搭乘電車與公車時，要感謝駕駛開車，以及設計製造交通工具的人；馬路和建築物也全都是大家辛勤工作才有的成果。總而言之，正因為大家各司其職，做好自己的工作，我們的生活才能變得多采多姿，社會才能正常運作。

知識小專欄

數學與物理課中也有學習到「工作」！

大家在學校學習的科目中也有關於「工作」的喔！數學中有一種題型是「工程問題」，目的是計算出從事某項工作的工作速度與時間。此外，國中的物理課中，經常出現「作功」或「功率」等名詞。物理學常用到的名詞「功」，指的是在物體施力，使物體移動。

功（J）＝作用力（N）×
物體沿作用力方向的水平位移（m）
J= 焦耳、N= 牛頓、m ＝公尺

▲「功」的計算方式，各位上國中後就會學到囉！

什麼是職業？

為貢獻社會而持續從事的活動中可以獲取收入的行為

各位有聽過「職業」這個名詞嗎？前面出現過的農民、漁夫、運輸業者（運送物品的人）、零售業者（販售商品的人）、教師、醫師、警察等等，這些通通都是職業。

基本上，職業就是發揮自己的能力、持續從事可以貢獻社會的活動，並且可以從中獲取收入，養活自己與家人。以種植稻米的農民為例，他們是靠著種植稻米的能力與知識，持續供給社會大眾食用

▲有些人的運動能力超乎常人，藉此賺大錢。

並藉此獲得收入，因此種植稻米的農民是一種職業。

另一方面，在家裡煮飯、洗衣、打掃、採買等行為，可以說是工作，卻不能算是職業。這些是為了自己或家人而做的活動，不會直接產生收入。以做飯煮菜來說，調理師或廚師等專業料理人不是為自己和家人工作，他們是做飯給別人以賺取收入，因此算是職業。

經濟性、社會性與個人性是選擇職業時的重點

大家常說選擇職業、從事工作時，要重視「職業三要素」，也就是以下三點：

- **經濟性**：足以維持生計的收入。
- **社會性**：擔起社會角色，貢獻社會。
- **個人性**：充實自己的人生目標和生存價值。

第一點「經濟性」當中提到的「生計」，指的是維持生活的方法和手段。每個人生活都需要錢，你吃的食物、穿的衣服、住的房子、使用的水、電、家具、家電製品等，都必須由家裡人付錢才享受得到。因此，我們必須工

作賺取薪水，才能付錢維持正常生活。賺錢是工作的最大目的之一。

選擇職業時，要思考自己最重視哪一點

選擇職業時，最理想的狀態是，選擇了自己想做或是喜歡做的事情當成工作，賺很多錢，而且還能貢獻社會。但要能夠滿足這所有條件，是一件很困難的事情。

舉例來說，有的人很喜歡打電動，但可以光靠打電動維持一輩子的生活嗎？雖然有電競選手這樣的職業，但不是人人都能當，而且還必須具備超乎常人的努力與熱情才行。其實，這個特質也同樣適用於其他職業。總而言之，將自己喜歡的事情當成工作，還要能維持生活，難度真的很高。

相反的，有一些工作就算能夠賺很多錢（經濟性很高），如果沒有成就感或樂趣（個人性很低），身心就會感到疲憊，很難堅持下去。而且，我們也不能去做會傷害別人的事情（社會性很低）。

當然，有些人就是想做自己喜歡的事情，就算生活困苦也無所謂，也有人只想賺大錢，即使過程艱辛也會努力下去，這些都與每個人的個性和想法有關。選擇職業時，我們一定要思考經濟性、社會性與個人性，想想哪一項對我們來說最重要。

▲成就感與金錢都很重要。所有人在選擇工作時，都會考量成就感與金錢的比重。

即使只是一項商品或單一領域，也需要各種職業的人一起參與

假設你想從事與遊戲有關的工作，不一定要成為玩家，可以當創作遊戲的遊戲設計師、程式設計師、工程師、撰寫劇本的編劇、設計插圖或圖像的插畫家或平面設計師、創作音樂的遊戲音樂作曲家、檢查遊戲是否正常運作的遊戲測試員、幫遊戲配音的配音員、推廣遊戲的宣傳、遊戲的直播主、將遊戲送進店鋪貨架以及在媒體打廣告的業務等，這些職業都與遊戲產業有關。

同樣的，其他產業也有各式各樣的工作參與其中。因此，如果你想從事與漫畫有關的工作，不一定要會畫畫；想從事和運動有關的行業，不一定要具備超強的運動能力。你想從事的產業有許多職業和工作可以選擇，你只要思考自己能做什麼、擅長做什麼，如何發揮自己的能力就夠了。

等你長大後，一定也會開始工作，了解各項工作的相關訊息，有助於增加自己未來的選擇性，也能夠提高自己的成就感唷。

▲開發販售一款遊戲，需要各種職業的人一起合作，善盡自己的職責。

知識小專欄

為什麼英文稱上班族為 Salaryman？

在公司上班賺取薪水的人，我們稱之為「上班族」，英文叫做 Salaryman。這是一個 Salary 和 Man 的組合字，前半部的 Salary 在英文是「薪水」的意思，語源是拉丁語的「salarium」，意指以鹽支付薪水。在過去，鹽是極珍貴的物資，古羅馬帝國（以現在的義大利為中心的強盛國家）時代，就是以鹽來支付士兵們的薪水，這就是 salarium 這個字的由來。

夢遊控制器

眼睛睜得大大的睡不著……
幫我想想辦法啦！
你午覺睡太多了啦，
一晚沒睡又不會怎樣。
我很睏。
※啪沙
冷血動物！
漫畫我全都看過了……
現在書店也關門了，沒辦法看免錢的。
沒有電視節目。
那還用說嗎？
給我半夜照常營業的書店跟電視節目啦。
煩死了。
這個借你，別再來煩我。
什麼東西？

萬能工作體驗箱Q&A

Q 日本公司裡的最高負責人叫什麼？①課長 ②部長 ③社長

「夢遊控制器」。
被這個照到的人，
就會跟白天一樣工作。
ピコピコ
※嗡嗡
沒有影像啊。
馬上就會趕來了。
呼啊～
晚安。
一邊夢遊一邊來到現場。
書店什麼的用這個都能進去，
所以不要再來煩我了。
其實晚上還是要睡覺比較好，早點睡喔。
鼾～
別打瞌睡，趕快說話啊！

A ③社長。在學校的話是校長，醫院是院長，銀行是董事長，不同機關團體的最高負責人頭銜也不同。

萬能工作體驗箱Q&A

Q 全日本從事農業的人口總共有多少？①一六八萬人 ②五二二萬人 ③八六三萬人

※嗡嗡～
中書店
書店請開門。
ピコ
ピコ
※喀拉、喀拉、喀拉
ガラ
ガラ
ガラ
歡迎光臨……呼啊。
我早就想看這本了。
鼾。
夢遊也不忘趕人？
買走吧，因為晚上打一折。
鼾。
一折!?
那三百五十圓的書不就變成三十五圓!?
書店
謝謝光臨。
鼾。
真好。
商店街全部開門吧！
ピコ
ピコ
※嗡嗡

A ①一六八萬人。農業雖然是不可或缺的重要工作，但過去二十年已經減少超過兩百萬人，高齡化和接班人不足是最大原因。

萬能工作體驗箱Q&A

Q 在日本，相關從業人員最多的漁業是哪一種？①遠洋漁業 ②近海漁業 ③沿岸漁業

A ③沿岸漁業。占超過八成。近海漁業指的是在近海幾天內可以往返的範圍捕魚；遠洋漁業是到更遠的大海去捕魚喔！

萬能工作體驗箱Q&A

Q 只要擁有小學教師資格，就能去國中教書。這是真的嗎？

早知道就不要隨便借道具給他。
ピコピコ
※嗡嗡
讓他夢遊到學校去，一旦做錯事就會學到教訓。
齁。
我回來了！
雖然跟往常一樣被老師罵，到走廊罰站，
可是因為睡著了一點感覺也沒有，
今晚再借我「夢遊控制器」！

A 假的。想在國中教書，必須具備中學教師資格。一個人可以同時具備小學與國中教師資格。

金錢蜂忙做工

大雄你真的很喜歡翻花繩耶！
我也沒有特別喜歡啦。
因為沒有零用錢，
只好玩一些不花錢、不無聊，又不會肚子餓的遊戲而已。
大雄，你沒事的話，麻煩你去清水溝。
我要唸書了。
我很忙耶！
你也太容易被看穿了。

萬能工作體驗箱Q&A

Q Patissier是西點師傅的意思，Chocolatier是專指哪一種師傅呢？①巧克力 ②冰淇淋 ③餅乾

A
①巧克力師。Chocolat是法語巧克力的意思。Chocolatier是巧克力師，指的是利用巧克力做出各種點心、糕點的甜點師傅。

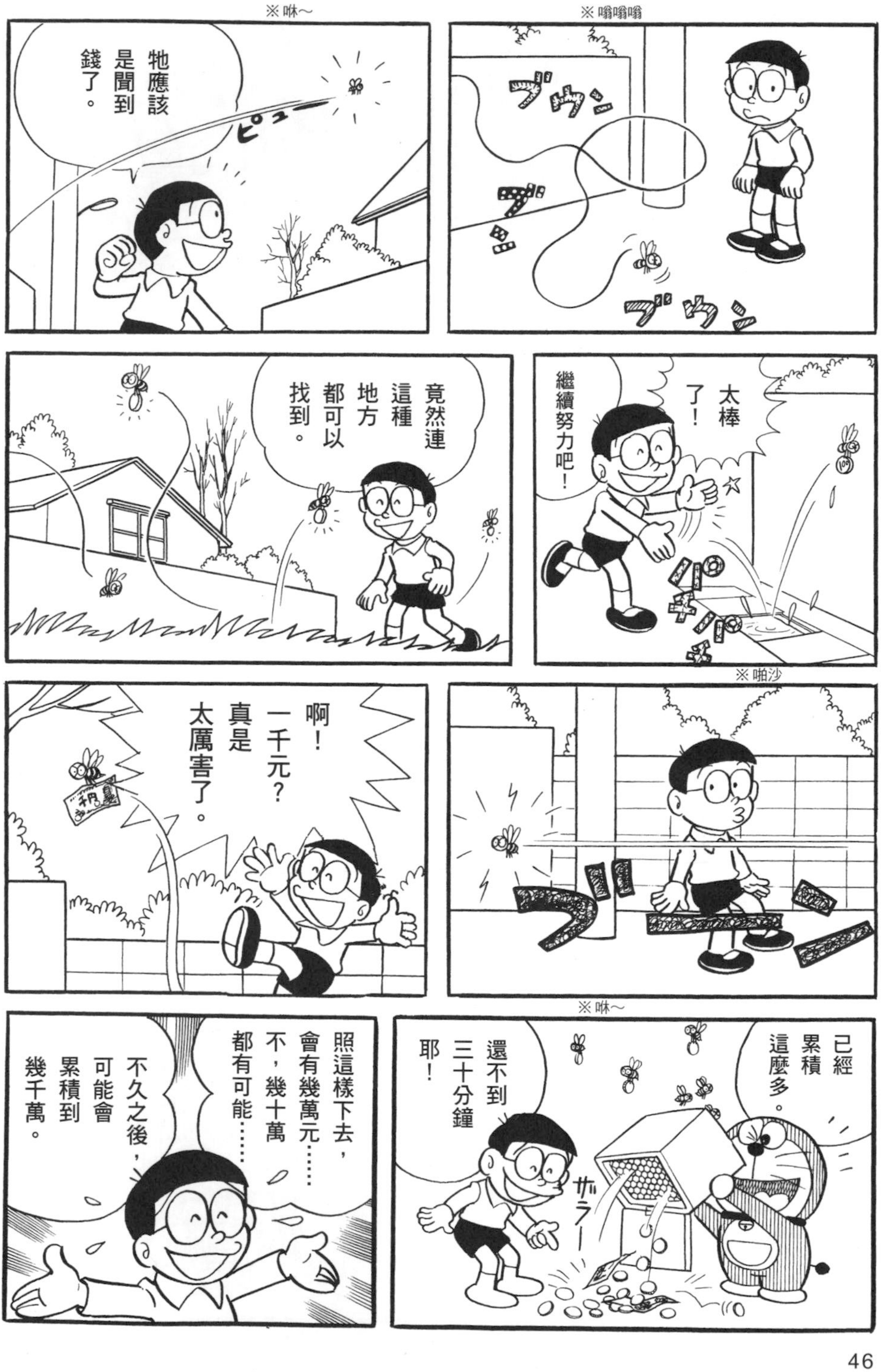

萬能工作體驗箱Q&A

Q 鋸子是木工用來切割木材的工具，那用來削木材的工具是？①槌子 ②刨子 ③鍋瓷

A ②刨子。槌子是用來釘鐵釘的工具；鋦瓷是一種匚字型的兩腳釘，是用來連結兩塊木材的工具。

把家裡重新裝潢，到國外旅行吧！
那可不行喔！
撿到的東西如果不交到警察局去，可是會犯了「侵占罪」喔！
我到處撿了許多錢，所以送來這裡。
像這樣的遺失物品很麻煩耶！
你必須要清楚寫出你在哪裡撿到多少錢，地點和金額都要寫清楚。
我怎麼可能知道是在哪裡撿到的啊？
那怎麼辦？
蜜蜂們……
把錢送回原來的地方去吧！
※嗡嗡嗡
蜜蜂們好像也很困擾。
ぶうん
※嗡嗡嗡
ぶうん
ぶうん
※嗡嗡嗡
ブウン

※嗡嗡嗡
蜜蜂們太過困擾而生氣了。我們快逃吧！
ブウン

100
昭和50年

人類從什麼時候開始工作？

遠古時代的人全都是自給自足

看完前面的內容，各位應該都明白，人人發揮自己的特質從事工作，讓所有人的生活更加便利。

話說回來，各位知道人類是從什麼時候開始工作的嗎？專家認為，在好幾萬年以前，人類是過著自給自足的生活。所有人住在自己（或家人）建造的房子裡，穿著自己做的衣服使用自己建造的工具打獵，自行調理食物，或是採集水果、樹果等等來填飽肚子。

專家認為，在一萬多年前的舊石器時代，全世界的人類都是這種「狩獵採集社會」。

▲在一萬多年以前的舊石器時代，人類必須親手打獵或採集食物，還要自己蓋房子，製作所有需要的物品。

從狩獵採集的社會轉型為農耕社會

後來，狩獵採集的社會轉型成「農耕社會」，人類才開始從事農業。栽種稻米、麥等穀物及豆類的農業技術越來越發達、越來越普及，大幅改變了人類生活。

沒有人知道農業是從何時何地起源的，考古學家在兩萬三千年前左右的黎凡特（地中海東岸地區），發現幾處種植穀物的痕跡，這是目前已知全世界最古老的農業遺跡。專家認為，正統農業起源於大約西元前七千年之前的埃及。埃及人從全世界最長的尼羅河引水，種植麥子、豆子、蔬菜、果實等作物，當時已經有專以農業維生的工作了。

▲古埃及人從事農業的畫作流傳至今。

定居生活在各地，建立起「社區」

過去的人類需要不斷的搬家，居無定所，原因在於隨著季節變化，結出果實的植物不同，動物也會跟著移動，食物就會逐漸短缺。

從事農業耕作可以獲得穩定的食物來源，人類可以一直住在同一個地方。長久下來，豐饒的土地上住著越來越多的人，居住在附近的人就會齊心協力，共同維持大家的生活。

人類開始建立類似所謂的「社區」，過著集體生活。過去都由自己一手包辦的事情，也開始分工合作，各司其職。換句話說，我們只要工作就能換取其他人耕種或獵捕來的食物。這就是工作的起源。

所以，
我們不用
搬家了嗎？

▲繩文人如果看到彌生人無須遷居的生活，一定會大感驚訝！

知識小專欄

五千年前就有的現代職業！

考古學家從四大文明之一美索不達米亞文明的遺跡中，發現距今大約 5000 年前，上面寫著「職業名稱表」的黏土板。上面列出許多職業，包括廚師、商人、醫師、木工、漁夫、歌手、翻譯、理髮師、校長等，這些都是今日耳熟能詳的職業，其他還有僧伽（神殿中地位最崇高的人）、將軍、弄蛇人、驅魔師（驅除惡魔的人）等，如今看來很少見的職業。有些職業雖然名稱相同，但職責與工作內容和現代不同，由此也能看出，無論哪個時代，都需要這些職業。

入境審查
姓名
職業
弄蛇人
地址

工作普及，商業發達

日本從彌生時代就有分工合作的概念

農業在日本是從繩文時代（西元前一萬六千年前至西元前十世紀左右）開始出現的，大約兩千五百年前，種植稻米的技術從大陸傳入日本，再從北九州普及至日本西部。

與世界其他地區一樣，過去幾乎所有日本人都必須不斷遷徙，過著狩獵採集的生活，直到彌生時代之後，才有越來越多人開始過著定居生活。就這樣，日本人開始在生活中分工合作，在各地建立具有統治權的「國家」，其中最具代表性的是由卑呼彌統治的邪馬台國。

▲這是佐賀縣的菜園遺跡，是日本最古老的水田遺跡。

影像來源 / 日本唐津市教育委員會

貿易興盛，商人活躍

全世界的人類紛紛從狩獵採集轉型至農業生活，再進化到「手工業」生活型態，利用雙手製造各種物品，發展出各式各樣的文明。接著又演變出以物易物、換取利益的「商業」型態。

遠古以前的人類沒有錢幣，大多採取「以物易物」的交易型態。後來出現了有價值的錢幣，便出現和現代一樣，用錢購買生活必須品的商業模式。以物易物或以錢購物，都是一種「交易」。

在這樣的交易模式剛誕生的時候，只盛行於自身國家內部，由國家內的

▲許多商人乘坐駱駝往來於歐亞大陸。

人民直接面對面交易。久而久之，出現了專門從事買賣的人，稱為「商人」。漸漸的，開始出現國與國之間的交流，交易範圍越來越廣，規模也越來越大，形成「國際貿易」，商人的人數也越來越多。

遠方的國家互相做生意，貿易日漸興盛

「絲路」是古代貿易的象徵，指的是東西橫貫歐亞大陸的主要交通要道，許多商人往來於絲路，從事貿易，發展出十分興盛的商業。由於是從中國運送大量絲綢到印度、希臘、羅馬等國家，因此而取名為絲綢之路（絲路）。如今，「絲綢之路：長安至天山廊道的路網」已被聯合國教科文組織列為世界遺產。

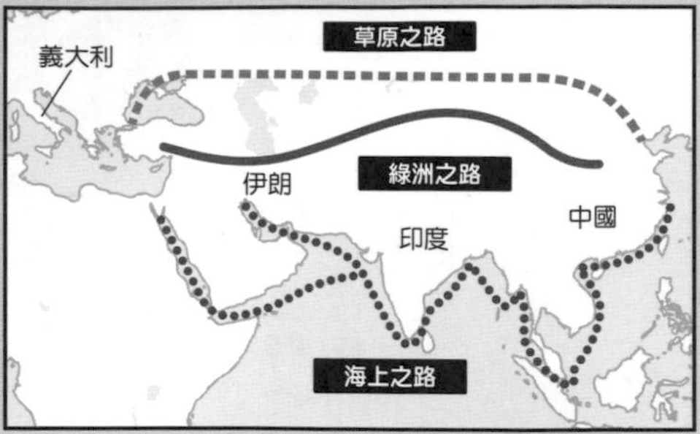
草原之路
義大利
綠洲之路
伊朗
中國
印度
海上之路
▲海上絲路共有三條，分別是經過草原的「草原之路」、經過綠洲的「綠洲之路」，以及橫渡大海的「海上之路」。

此外，以波斯貓和波斯地毯聞名的古波斯（現在的伊朗）文化，也深深影響了中國與日本，日本東大寺正倉院還保存著古波斯的寶藏。日本與波斯隔著大海，相距超過七千公里。一千五百多年前根本沒有飛機、汽車，甚至大型船舶，從這一點來看，當時貿易範圍之廣令人咋舌。

知識小專欄

「商人」的語源是什麼？

有人說，「從商」、「商人」這些詞彙來自於中國最古老的王朝「商」（又稱為殷）。商朝延續了五百多年，創造文字與青銅器，發展出以金錢從事買賣的商業行為，文明相當發達。遺憾的是，商朝在西元前一千年左右滅亡，失去國土家園的人們開始販賣物品獲利，維持生活。由於從事物品買賣的人都是商朝人，久而久之，就演變出「商人」的說法。

▲商（殷）朝製造的青銅器。

各式各樣的工作① 自古就有的主要職業

農夫（農業從業人員）

農夫指的是在田地種植稻米、麥、玉米、蔬菜、豆類、芋薯等作物，販售作物維生的人。而飼養食用牛、豬、雞等畜產從業人員也是屬於農民。過去的農夫需要靠人力完成所有工作，但隨時代進步，農業技術提升，引進了農業機器，加上品種改良與研究日新月異，讓農夫提升不少工作效率。

▲農業機械進化，最近也開始使用無人機來噴灑農藥。

【如何入行？】

以個人務農的形式居多，但也有人到規模較大的農家幫忙或租借農地。有些是進入公司或工會從事農業。

【相關職業】

農業技術士、酪農、畜產技術士。

漁夫（漁業從業人員）

主要工作是開船到漁場，捕獲各式海鮮魚類。剛開始時漁夫們要親自潛入海底捕撈，隨著漁業技術和漁船性能的提升，工作效率變高非常多。大多數漁夫從事的是沿岸漁業，基本上漁夫會去離陸地比較近的漁場捕魚，當天賣掉捕獲到的漁獲。

▲日本四面環海，自古漁業就很盛行。

【如何入行？】

通常都是從當船員開始，學習漁業的相關知識與技術。若要成為可以獨立作業的漁夫，必須具備船舶執照和漁業無線電等資格。

【相關職業】

養殖漁業、海女、海男、淡水漁夫。

教師

自古就有教育工作，日本的憲法規定中小學是義務教育，父母必須讓小孩接受教育。台灣實施十二年國民基本教育，中小學為義務教育，強迫入學，高中則是自願入學。在現代的教育工作中，老師除了要傳授學生具備一定學力，還要教導人生中的必要知識與常識，教授範圍相當廣泛。未來資通訊科技教育將會進一步普及。

▲老師是傳授大家各種知識的重要人物。

【如何入行？】

不同學校需要具備相對應的證照，如小學、中學、高中教師證照等。必須就讀大學、短期大學或研究所的教育系所，或修習教育學分學習必要知識才能報考。不僅如此，還要經過地方政府或學校的錄取考試才行。

【相關職業】

特殊教育老師、營養師、幼教老師、教保員、大學教員、日本語講師、補習班或才藝班講師。

醫師

自古就有治療疾病和傷口的工作，不過，年代越久遠，知識和技術就越貧乏。因此過去曾經有一段時期，人類是靠著占卜和如今難以想像的方法治療。經過長時間的研究，人類逐漸明白疾病的起因並找出治療方法，也治癒了許多過去完全無法根治的疾病。隨著最新研究，開發成果日積月累，醫界開創出各種醫療技術，現代醫師可以活用這些技術，確認患者的健康狀態，治療疾病或傷口，甚至預防疾病。今後還能藉重資通訊科技，充實醫療和照護服務。

▲對抗傳染病也是醫師的重要工作。

【如何入行？】

必須具備醫師執照。以日本為例，先在大學醫學部或醫科大學學習醫六年，畢業後再通過醫師國家考試，取得執照就能當醫師囉！此外，經歷臨床實習後，有些人會進入醫院或診所等醫療機構服務，也有人會選擇自行開業、成為研究員或法醫。

【相關職業】

護理師、藥劑師、獸醫師、牙醫師、齒科技師、保健師、物理治療師、防疫醫師、助產師、義肢裝具士。

廚師、調理師、主廚

無論在哪個時代，「食」都是人類生活中不可或缺的部分。自古以來就有專門的人負責做菜給別人吃，如今，為了讓人們吃得更安全美味，廚師們無不天天費盡心思、專心研究。

▲除了味道，透過料理的擺盤感動別人，也是廚師的魅力所在。

【如何入行？】

最常見的方法是在餐飲店工作，跟在各式料理專家的身邊學習。在日本，如果要當專業調理師，就必須就讀專門學校，累積實務經驗後，再考取證照。在台灣分別有中餐廚師證照、飲料調製證照等。

【相關職業】

甜點師傅、壽司師傅、廚師、麵包師傅、和果子師傅、咖啡師、食物調理搭配師、營養管理師。

木匠、建築師

自古就有幫人蓋房子或建築物的工作，隨著時代演進，分工得越細。木匠是負責興建或整修木頭房子的人，他們依照設計圖採購材料，進行加工，蓋成房子。建築師是負責規畫統籌整體建築物、繪製設計圖的人。不只是平房、公寓或大樓，學校、醫院、博物館和體育館等公共建築也是建築師的業務範圍，他們同時還要負責監工。

▲規畫和設計建築物需要豐富的想像力與獨創性。

【如何入行？】

在日本，擁有高超技術的木匠稱為「棟梁」。想要成為木匠，可以當木匠的學徒，或報考專門學校、職業訓練學校，學習相關知識與技術。想成為建築師，必須就讀大學的工學、建築或土木相關科系，或就讀相關專校，還要在職場累積相關經驗，再考取執照。在台灣的室內設計管理辦法中有兩種技術資格，分別為建築物室內裝修工程管理乙級技術士，乙級建築物室內設計乙級技術士。

【相關職業】

木匠、監工、土木作業員、油漆匠、石匠。

大雄王國誕生

這就是反抗我的下場。
沒錯。
這一帶現在沒人敢反抗我了。
那當然啊!!
胖虎可是這一帶的帝王呢。
陛下,我們去巡視領地吧。
喔,說得好啊,小夫大臣。
那樣一定很快活吧……
你指什麼?

我是說，如果我能當上國王的話啦。
？
這樣就沒人能欺負我、嘲笑我、辱罵我，
我可以為所欲為。
把討厭的傢伙統統判死刑。
你腦子裡的想法啊，
該說是天真還是幼稚呢……
「王國組合貼紙」。
這是給小孩子玩的貼紙。
但是貼上貼紙的人會全心投入那個角色喔。
不過效果只限於用粉筆畫下的領地之內。
想嘗試一下當國王的感覺嗎？
想啊！
王后……
當然是靜香!!
ペタ

※貼上

萬能工作體驗箱Q&A

Q 日本江戶時代的俗諺「○○和打架是江戶的精華」，○○是指什麼？①地震 ②火災 ③颱風

A ②火災。江戶時代火災頻傳，因此，有許多由武家（武士）或村民組成的消防組織。

萬能工作體驗箱Q&A

Q 有「日本警察之父」美譽的薩摩藩士是哪一位？①西鄉隆盛 ②大久保利通 ③川路利良

A ③川路利良。他是明治時代確立警察制度的人。一八七四年成立東京警視廳，成為第一任大警視（警視總監）。

容易得意忘形是你的壞習慣。
如果你太過火的話小心會……
把他趕出王宮！
那個……我們不能太晚回去，不然圖書館會關門的……
別介意啦。大家一起來玩遊戲吧！
從平民那裡拿遊戲來。
我也沒辦法，這是國王的命令。
那個暴君!!
我要想辦法推翻他……
這是我在自言自語。
國王一到領地外就沒有命令權了。
這個要送給我!?
這是草民的一點心意。

萬能工作體驗箱Q&A

Q 二〇〇七年實施郵政民營化的日本內閣總理大臣是誰？①小泉純一郎 ②麻生太郎 ③安倍晉三

A ①小泉純一郎。他是第八十七、八十八、八十九任內閣總理大臣，也是演員小泉孝太郎、眾議院議員小泉進次郎的父親。

工業革命完全改變工作型態！

十八世紀後半，英國掀起的生產技術與能源變革

誠如第二章的說明，自古以來就有各種工作存在，還有很多和現在一樣的職業。不過，中世紀到近世為止的工作幾乎都與農業有關，這與你熟悉的現代社會有很大的不同。

在這樣的狀況下，卻發生了一件完全顛覆社會與工作樣貌的大事，那就是一七六〇年左右起源於英國的「工業革命」。機器的發明與利用煤炭產生動力的蒸汽機，引發了生產技術與能源的改變。過去必須由人力完成的工作，開始改由機器取代，大幅提升生產力。

▲蒸汽火車的特色是火車前進時，煙囪會冒出黑煙。

iStock.com/imagedepotpro

蒸汽機指的是燃燒煤炭將水煮沸，產生蒸氣，利用蒸氣的力量啟動機器的裝置。隨著蒸汽機的普及，蒸汽火車與蒸汽船也跟著實用化，交通急速發展。

從農耕社會進入工業社會，並確立了資本主義社會

技術的變化與改良從製造棉織品的製棉工業開始，逐漸擴大到機器工業、鋼鐵工業、煤礦業等重工業。英國也受惠於工業革命領先世界，轉型為近代國家。

英國在一八二五年開放機器出口，同為歐洲國家的比利時、法國、德國等，也追隨英國的腳步展開工業革命，後續擴大到美國、俄羅斯與日本各國。

世界各國陸續從農耕社會進入「工業社會」，擁有生產技術的資本家雇用勞工，生產產品，以賺取利潤，進而

iStock.com/susandaniels

▲英國的「布萊納文工業景觀」已經登錄為世界文化遺產。

在先進國家，例如現在的日本與美國等，確立了資本主義社會。

近代之後分工化越來越細，以第二級產業為主流

一般來說，產業分成以下三類：

●**第一級產業**：農業、林業、漁業。
利用自然資源生產或採收（捕獲）食物與原料。

●**第二級產業**：礦業、建築營造、製造業等。
將第一級產業生產或收穫的原料，進行加工或做成商品。

●**第三級產業**：第一與第二級產業以外的產業。
商業、服務業、金融業、運輸業、資訊通訊業等（詳情請參閱第八十六、八十七頁）。

◀過去在自己家裡工作的人，後來都到資本家開設的工廠工作。

工業革命引發的現代化與資本主義社會的確立，讓工作越來越細分化，或可說是越加分工化，各項工作的專業度增加，職業種類也隨之增加，新增的職業類別以第二級產業為主。

此外，近代國家形成，社會機制完備之後，出現了許多為了讓生活更富裕、以維持和平為目的的工作。

知識小專欄　工業革命起源於全世界第一個鋪設鐵路的地方

英國的城市曼徹斯特是工業革命的發源地。提到曼徹斯特，現在最有名的是曼徹斯特聯足球俱樂部與曼徹斯特城足球俱樂部，這兩個知名的足球俱樂部。但在過去，曼徹斯特是頗富盛名的棉製品產地，有棉花城（cotton polis）之稱。

1830 年，全球第一條行駛蒸汽火車的實用鐵路開通，連結曼徹斯特與利物浦（因是披頭四的出生地而聲名大噪）兩大城市。全世界最古老的車站大樓如今已成為科學產業博物館，將工業革命傳承於後世。

▲英國的曼徹斯特科學產業博物館。
iStock.com/monkeybusinessimages

日本在明治維新後出現工業革命

日本從江戶時代的農業社會進入明治時代的工業社會

一八六八年日本明治維新之後，政府便以「富國強兵」為口號，推動經濟發展並強化軍事力量，積極建立現代化國家。「殖產興業」是當初提出的政策之一，普及並發展機械工業，整備鐵路、電話、郵政、銀行等交通、通訊與金融制度，發展近代化與資本主義化。

江戶時代的工作以農業為主，據說當時八成以上的日本人都是農民。絕大多數的人都要向領主繳納年貢，以收成的稻米來繳稅。明治時代以後，日本廢除了身分制度，從鎌倉時代延續下來的主從關係建立起的封建制度宣告終止。之後施行「地租改正」，確立土地價格與擁有者，並推行和現在一樣以金錢納稅的措施。從此之後，日本從事第二級產業，也就是鋼鐵業、造船業、煤礦產業的人越來越多。

▲日本人從明治時代開始，以金錢繳納稅金。

對日本近代化貢獻良多的世界遺產「富岡製絲廠」

群馬縣的富岡製絲廠可以說是日本工業革命的象徵。一八七二年引進法國技術，成立了這座官營模範工廠（明治政府成立的國營工廠），是當時全世界規模最大的機器製絲工廠。

製絲業是從蠶繭製造生絲的產業。日本生絲深受世界好評，是當時日本最主要的出口商品。從明治時代初期，日本成為全球第一的生絲出口國，長達五十多年。

在此背景下，富岡製絲廠對日本現代化做出極大貢

影像提供／日本國立國會圖書館

▲描寫當年富岡製絲廠盛況的浮世繪「上州富岡製絲廠之圖」。

獻，加上日本出口大量生絲，也促進全球絲綢產業蒸蒸日上。由於受到世界肯定，二〇一四年，「富岡製絲廠和絲綢產業遺產群」獲登錄為世界文化遺產。

日本各地保存下來的工業革命遺跡

二〇一五年，「明治工業革命遺蹟：鋼鐵、造船和煤礦」登錄為世界遺產。這些文化遺產都與幕末到明治時代初期急速發展的產業有關，是由分布在各地的多個遺跡構成的綜合性資產。

其中包括了以下八個地區：一、由萩反射爐與惠美須鼻造船廠遺址構成的萩區（山口縣）。二、包含了舊集成館在內的鹿兒島區域（鹿兒島縣）。三、擁有韮山反射爐的韮山區（靜岡縣）。四、有橋野鐵礦山的釜石區（岩手縣）。五、有三重津海軍遺址的佐賀區（佐賀縣）。六、包含三菱長崎造船廠與端島煤坑在內的長崎區（長崎縣）。七、包含三池煤礦在內的三池區（福岡縣、熊本縣）。八、包括官營八幡製鐵所在內的八幡區（福岡縣）。

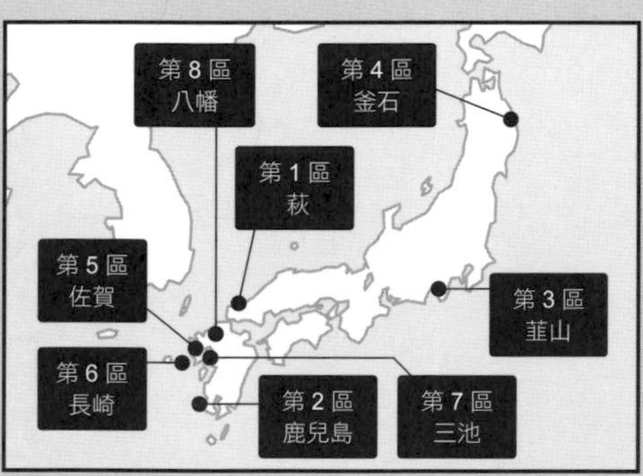
第 8 區
八幡
第 4 區
釜石
第 1 區
萩
第 5 區
佐賀
第 3 區
韮山
第 6 區
長崎
第 2 區
鹿兒島
第 7 區
三池

▲世界遺產「明治工業革命遺蹟：鋼鐵、造船和煤礦」共由 8 個區構成。

知識小專欄　全世界人口最密集的「軍艦島」

長崎縣的端島是構成「明治工業革命遺蹟：鋼鐵、造船和煤礦」的地區之一，由於外形近似軍艦，故又稱為「軍艦島」。明治時代到昭和時代因開採海底煤礦繁榮一時。端島的海岸線全長只有 1.2 公里，卻在 1960 年發展成全世界人口密度最高的地區。島上不僅有日本第一棟鋼筋水泥的集合住宅大樓，還有學校和醫院。1974 年關閉礦山，成為無人島，建築物也變成廢墟。如今只要參加軍艦島登島旅遊團，就能到軍艦島觀光。

▲ 端島俗稱「軍艦島」。

iStock.com/st-palette

誕生於近代到現代的主要職業

◆什麼是公務員？

在國家或地方政府等公部門、公共設施工作的人，就是公務員。隨著世界各地形成現代國家，需要有人為公眾服務，這是過去沒有的職業。而且，為公眾服務的職務與人數也越來越多。根據日本人事院的統計資料，二〇一九年三月，日本公務員的總數約為三百三十三萬人，其中在國家機構服務的國家公務員約占百分之十七點六（大概五十九萬人），在都道府縣、市町村等地方政府服務的地方公務員約占百分之八十二點四（大概兩百七十四萬人）。

日本憲法規定「公務員係全體國民之服務者」，也就是必須為所有日本國民盡心盡力。公務員的工作是從稅金而來的，公務員的薪水是從人民的稅金支付的。

國家公務員（綜合職、一般職）

日本的國家公務員大致上分成綜合職、一般職與專門職三種。在內閣府、總務省、法務省、外務省、財務省等各府省廳工作的行政官、外交官、稅務職員等，幾乎都是一般職。

【如何入行？】

想當日本的國家公務員，必須通過國家公務員考試。綜合職與一般職還細分高中畢業、大學畢業和研究所畢業等其他條件，另外還要接受從廣泛領域出題的筆試和面試，並考取高分才行。

專門職包括法務省專門職員、外務省專門職員、財務專門官、國稅專門官等，必須通過符合各自規定的錄取考試。在台灣要成為公務員，亦需經過國家考試，包括普考、高考、特考、專技人員考試等。

▲在行政機關工作的人為國家公務員。

地方公務員

在與地方居民生活密切相關的機構中，從事教育、健康、福利、治安、造鎮等有關的工作。主要分成三種，在都道府縣廳或市町村公所工作的公務員為「行政職」，在工作內容與農業和建築等專業領域有關的公務員為「專門職」，警察與消防員等則屬於「公安職」。學校老師大多是地方公務員。台灣的教師可算是廣義的公務員。

【如何入行？】

通常地方政府會針對一般行政職舉行錄取考試，通過錄取考試是必備條件。

國會議員

代表國民出席國會，在議會審查通過各項法律與經濟政策，將人民的意思反映在施政上，這就是國會議員的工作內容。日本在一八九〇年成立帝國議會，開始有了國會議員的職務，一九四六年，再轉型為擁有眾議院和參議院的現行國會。台灣的國會議員為立法委員，由各選區人民投票選出的委員組成國會，亦即立法院，是我國最高的立法機關。

▲你是否也見過政治人物與候選人站上宣傳車，發表政見的情景？

【如何入行？】

須登記成為眾議院或參議院的候選人，經過選民投票後當選。在日本，眾議員候選人（被選舉權）的條件是滿二十五歲以上，競選參議員必須滿三十歲以上。台灣立法委員候選人的年齡條件是須年滿二十三歲。

【相關職業】

國會職員、國會議員政策擔當祕書。

自衛官

自衛隊的職責是守護日本的和平與獨立，維護國家安全。自衛隊設置在一九五四年成立的防衛廳（現防衛省）下，由陸上、海上與航空自衛隊構成。主要任務有：保衛國家、救災救難、國際合作（透過國際合作的和平任務，維護國際社會的和平與穩定）。台灣稱為軍人，由總統統帥、國防部管轄，主要有路、海、空軍。

▲自衛隊也會到海外進行救援任務，出色的表現深獲各國肯定。

【如何入行？】

須通過自衛官錄取考試，分成筆試、面試、身體檢查等。進入後，若想晉升幹部自衛官，可以報考防衛大學；若要成為醫官或護理官，可以進入防衛醫科大學進修。

台灣過去採徵兵制，二〇一八年起全面實施募兵制，非志願役的常備役男則改服四個月的軍事訓練。志願役的軍人可分士兵、士官、軍官三種位階。

【相關職業】

防衛省職員、海上保安官

警察

每個時代都需要有人預防犯罪，維持治安，守護國家與地區的和平。古代也有執行警察任務的軍隊，負責維持治安。日本江戶時代設置的町奉行所，兼具警局、法院和公所的角色。後來明治時代，薩摩藩士的川路利良參考歐洲的做法，確立了警察制度。日本現行的警察職務分成地方警察部門、刑事警察部門、生活安全部門、交通部門、警備部門、總務與警務部門等六大部門。

▲街上常見的是「地方警察」。

【如何入行？】

必須通過各都道府縣舉行的警察錄取考試，錄取後在警察學校進修，大多數畢業生可以成為地方警察。在台灣要成為警察，可以就讀警察大學後報考「警察特考」，或是以高中以上學歷報考「一般警察特考」。

【相關職業】

公安警察、公安調查官、保安警察。

消防員

每個時代都需要有人預防火災，或在火災發生時負責救火與實施災害因應。相傳全世界最古老的消防組織是古羅馬的消防隊。日本在江戶時代就有武家火消、町火消等官方消防組織，明治時代更是成立了「消防組」。後來，各地也有公設的消防署。

▲包括東京消防廳在內，許多地方政府也會錄取女性消防員。

現在消防員的主要工作是發生火災、地震與海嘯時，前往現場救援或打火。主要任務包括在火災現場打火的「警防業務」、將病人傷患送至醫院的「急救業務」、為了預防災害而執行建築物消防設備檢查的「預防業務」。

【如何入行？】

各地方政府都會舉行消防員錄取考試，想成為消防員就必須通過考試。考試合格後，就能進入消防署值勤，同時進修，一切就緒後就能前往現場救災打火。

【相關職業】

救援隊員、消防團員（相當於台灣的義勇消防隊員）

銀行員、證券公司員工、保險公司員工

這些都是與金融界有關的重要工作，日本是在明治時代設立了銀行、證券公司與保險公司。如今全世界隨時隨地都有金錢與貨物往來，尤其在先進國家中，金融界已成為支持國家發展的重要關鍵，未來金融界的角色將更加吃重，相關職業的重要性也會越來越高。

【如何入行？】

除了就讀大學相關科系，學習豐富的專業知識，還要通過面試考試。不少金融界人士都是從與經濟有關的經濟系、商學系與法學系畢業的，受到國際化與資通訊科技發達的影響，最近的金融界也很需要具備英語等語言能力和理科素養的人才。

【相關職業】

日本銀行職員、造幣局與國立印刷局職員、證券分析師、金融交易員、證券商業務員、交易員。

▲全世界時時刻刻都有金錢交易，全年無休。

學者、研究員

在各自的專業領域從事研究的工作。哲學、數學、天文學、醫學等領域自古就有，希臘、美索不達米亞、埃及等文獻皆有記錄。知名的古希臘哲學家包括蘇格拉底、柏拉圖與亞里斯多德，隨著文明與科學技術發展，也誕生了各種學問。

各位也在學校學習其中一部分，除了語言、文學、社會學、地理學、歷史學、化學、物理學、生物學之外，還有政治學、經濟學、經營學、考古學、教育學、心理學、工學、醫學、生理學、藥學、齒學、農學、工學、建築學、宇宙科學等各種領域。不僅如此，每個領域還有更多細項。

▲研究與調查成果有時也會成為世紀大發現。

【如何入行？】

通常先在大學相關科系學習專業知識後，再進入研究所研讀碩士與博士學程，持續研究，最後在國家、大學和企業等機構擔任研究職。若成為大學的學者或研究員，也能以教授或講師的身分在學校傳授學問。

鐵道職員

在日本JR集團旗下有七家（北海道、東日本、東海、西日本、四國、九州、貨物），以及十五家主要鐵路公司（東武鐵道、西武鐵道、京成電鐵、京王電鐵、東急電鐵、京濱急行電鐵、小田急電鐵、相模鐵道、名古屋鐵道、近畿日本鐵道、南海電氣鐵道、京阪電氣鐵道、阪神電氣鐵道、阪急電鐵、西日本鐵道），以及東京地鐵等地下鐵業者任職的員工。

▲鐵路駕駛的使命就是按時駕車，將乘客安全的載往目的地。

台灣的鐵路是由國家營運的台灣鐵路公司經營、高速鐵路由台灣高鐵經營，另外還有台北捷運局與高雄捷運局。

【如何入行？】

在台灣要成為台鐵公司的員工要參加鐵路特考，簡單分成普通業務與工程技術兩個類別，分有高員三級、員級、佐級三種位別。

【相關職業】

火車駕駛、巴士司機、計程車司機、船員、飛機駕駛員、航空管制官、太空人。

郵局員工

自古就有將信件與貨物遞送給特定人士的工作（請參照第一一八頁），一八八五年日本設置「遞信省」，建立了郵政制度，後來還改成郵政省、總務省郵政事業廳與日本郵政。台灣的郵政業務是由中華郵政負責，屬於國營企業，主要的工作業務有以下四點：

- 郵務：彙整並遞送郵件。
- 郵貯儲匯：提供郵政儲金與匯款業務。
- 簡易保險業務：販售比一般保險額度小的保單。
- 郵局行政：提供相關臨櫃服務。

【如何入行？】

在日本要通過日本郵政集團的錄取考試，才能進入郵局服務。

在台灣則要參加中華郵政特考，一般來說徵才類別有營運職、專業職、外勤郵務處理，以及郵務人員等。

▲從遞送郵件到臨櫃業務，工作內容相當繁雜。

藝術家

畫家、雕刻家、書法家、攝影家、作詞家、作曲家、漫畫家、小說家、詩人、茶道家、花道家等，藝術家的類型十分廣泛。自古就有畫畫、雕刻的人，隨著文明進步，世界各地發展出美術、音樂等新藝術，影響了其他國家。

【如何入行？】

基本上，如果想成為美術家、畫家、雕刻家、版畫家，可以就讀美術大學或美術科專門學校；若想成為作曲家、編曲家、聲樂家，可就讀音樂大學或音樂、聲樂的專門學校；若想成為攝影師，可就讀大學的攝影科系或與攝影有關的專門學校，學習各個專業的基礎技術。也可以向該領域的大師學習，跟著大師磨練技術，可達事半功倍之效。只要有實力，就能成為專業藝術家，當然感性、品味與獨創性也很重要。

▲創造出世界上獨一無二的藝術品十分困難，但很有成就感。

【相關職業】

插畫家、繪本作家、摺紙藝術家、陶藝畫師、娃娃手作家、美術修復師、歌手、指揮家、編劇、翻譯家。

時尚設計師

大家常將「食衣住行」掛在嘴邊，由此可見衣服是任何時代的人類不可或缺的必需品，自古就有製造衣服的工作。專家認為中世紀以後才有「時尚」概念，將時下的流行趨勢反映在衣服上，中世紀以後才有以時尚設計為專業的工作。此後，時尚（成衣業）逐漸發展成一個規模龐大的主流產業。

▲除了設計品味之外，還必須具備創造出自有商品的想像力與獨創性。

【如何入行？】

基本上要就讀以設計或服飾為專業的大學或專門學校，學習製作衣服的技術、表現力與專業知識。畢業後，通常可以進入成衣製造商、設計事務所或服飾相關公司工作，從打版師、助理等基層工作做起，磨練技術。

【相關職業】

時尚搭配師、造型師、成衣商公司職員、和服裁縫師、著付師（幫他人穿著和服的人）

萬能公司

我一直都這麼覺得，
哆啦A夢真的好厲害喔
幹嘛突然稱讚我？
因為你只要把手伸進口袋，就能拿出任何東西來啊。
還好啦，也不是什麼都拿得出來啦，但是也八九不離十。
這就是關鍵!!
你難道不想將這麼偉大的力量，多多發揮在這寬廣的世界嗎？
……什麼意思？
我們來開個「萬能公司」吧！
只要獲得好評，就能賺大錢了。

豈有此理!!
那些都是個人使用的道具，
不是拿來給你賺錢用的。
不要老是想些有的沒的。
哆啦A夢偶爾也會像個大人一樣訓話耶。
雖然他是個不錯的傢伙……
不過我還是要做。
「備用四次元口袋」。
這裡頭的四次元空間和哆啦A夢的口袋相連結。
換句話說，就是什麼都拿得出來。
接下來……
要成立一個公司，
剛開始需要什麼呢？

萬能工作體驗箱Q&A

Q 以下三種體育競賽中，哪一種有身高限制？①籃球 ②拳擊 ③相撲

A ③相撲。想成為大相撲力士，在新弟子檢查時，必須符合身高一六七公分以上、體重六十七公斤以上等條件。

萬能工作體驗箱Q&A

Q 以下哪一位美國前總統曾經當過律師？①喬治・華盛頓 ②巴拉克・歐巴馬 ③唐納・川普

A 巴拉克・歐巴馬。他原本是律師，後來當選議員，之後又成為第四十四任美國總統。二〇〇九年獲頒諾貝爾和平獎。

※砰

你這個笨蛋！要是用這個來賺錢的話，會被罰很多錢的。
大雄住手啊。
※叩叩
歡迎光臨。
靜香，是客人吧？
請他進來。
咦？小朋友？
你有事情來拜託我們對吧？快點說出你的來意。
光是哭我們也不知道啊，快說給姐姐聽。
嗯…嗯…你不小心把爸爸重要的甕打破了？
因為很害怕，所以希望我們幫你去道歉嗎？

萬能工作體驗箱Q&A

Q 美髮師幫客人剪頭髮時使用的剪刀，英文是哪一個？①cutter ②scissors ③stapler

※閃亮

這種事簡單。
用「復原光線」就好了…
ピカッ
萬能公司
回去要小心，不要跌倒了喔。
他好開心喔。
真沒意思，對方是小孩子，所以也無法向他收錢。
只要能夠幫助人，讓大家開心不就好了嗎？
我才不要，沒有賺大錢就沒意義了。
下次一定要好好收取大筆費用，然後再跟你平分。
叩叩！
麻煩你替我們家的大院子除草。費用一萬圓如何？
一萬圓!?
那就派「速成機器人」去做吧！

A ② scissors。scissors是剪刀的意思。剪髮剪刀還細分成平剪、打薄刀等。

等一等……
啊～我竟然忘了!!
一定會被媽媽罵的。
先拔我家院子的草吧。
大雄，我不會罵你的，趕快住手吧！
怎麼老是賺不到錢啊。
下次一定會賺到的。
在他賺到一毛錢之前，
一定要想辦法讓他收手才行。
我想要演唱會的門票。
是麥克·傑克森日本演唱會。
聽說因為太受歡迎，已經賣光了。
我不在乎花多少錢。
バン
好!! 這個案子我接了。

※ 磅

※撈撈撈
我記得……有一個道具叫「預約機」，只要有那個的話……
※晃動
哇……好癢喔！
對了！兩個口袋是相連的!!
※抓
哇！是誰?!
※吸入
饒了我吧，我收手就是了!!

從第二級產業到第三級產業

服務業等第三級產業大規模發展

看到這裡，各位應該很清楚工作是如何誕生的，以及產業和社會出現了什麼樣的變化？

過去大多數人都是從事第一級產業，其中包括農業在內。後來隨著工業發展，從事礦業、營造業、製造業等第二級產業的人越來越多。

之後隨著物品數量和種類增加，社會變得越來越富足，許多人開始想要吃更好吃的料理，想從事更好玩的事情，從而發展出各式各樣的興趣與嗜好，衍生出更多樣的價值觀，花錢享受各種美食和娛樂。於是，市場上陸續出現便利超商、餐飲店、電影院、遊樂園、運動設施等，提供各種服務的場所和工作。

第一級產業　第二級產業　第三級產業

這些商業與服務業都被歸類在第三級產業。第三級產業出現後有相當迅速的發展。

在現代資訊社會中，第三級產業成為主要產業

各位先來看一下左頁的圖表，這是顯示日本產業別人口比例的變化圖。一九二〇年時，在農林漁牧業工作的日本民眾占了一半以上。不過，比起超過八成民眾從事農業的江戶時代，這個比例算是少的。

後來隨著第二級產業成長，第三級產業也急速發展，進入了高度經濟成長時期。一九六〇年，第三級產業的從業人口比例

▲第一級與第二級產業之外的行業都歸類在第三級產業，YouTuber也是其中之一。

已經超過第一與第二級產業，躍升為第一名。

從此之後，不只是從事既有第三級產業的人越來越多，伴隨著電視、電腦、網路等的普及，新型態的工作增加，資訊產業更蓬勃發展。如今已形成了「資訊社會」（詳情請參照第六章說明），第三級產業的從業人員占整體七成以上。

綜觀其他國家，在躋身先進國家之後，第二級產業與第三級產業的比例就會加大，美國、中國、英國、法國與德國，都跟日本一樣，以第三級產業為主流。

產業分類

第一級產業	A 農業、林業
	B 漁業
第二級產業	C 礦業、採石業、採砂業
	D 營造業
	E 製造業
第三級產業	F 電力、瓦斯、供熱、自來水業
	G 資訊通訊業
	H 運輸業、郵遞業
	I 批發業、零售業
	J 金融業、保險業
	K 不動產業、物品租賃業
	L 學術研究、專業服務業、技術服務業
	M 旅宿業、飲食服務業
	N 生活相關服務業、娛樂業
	O 教育、學習支援業
	P 醫療、福利
	Q 複合服務事業
	R 服務業（其他無法分類的行業）
	S 公務（除了被分在其他項目的行業之外）
	T 無法分類之產業

※ 引自日本總務省「日本標準產業分類」

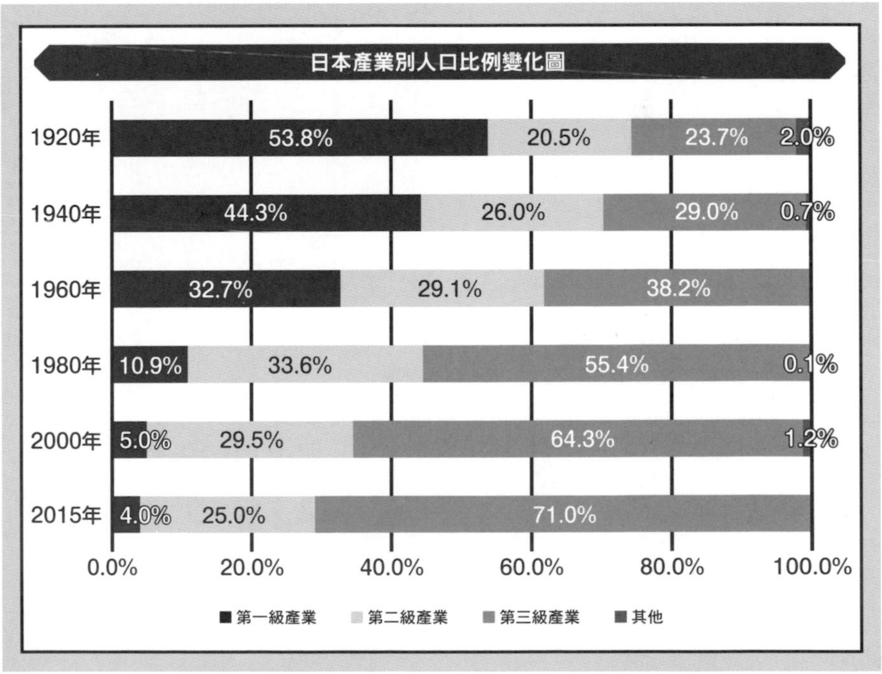
日本產業別人口比例變化圖
1920年
53.8%
20.5%
23.7%
2.0%
1940年
44.3%
26.0%
29.0%
0.7%
1960年
32.7%
29.1%
38.2%
1980年
10.9%
33.6%
55.4%
0.1%
2000年
5.0%
29.5%
64.3%
1.2%
2015年
4.0%
25.0%
71.0%
0.0%
20.0%
40.0%
60.0%
80.0%
100.0%
第一級產業
第二級產業
第三級產業
其他

※ 引自日本總務省統計局「國勢調查」數據

各式各樣的工作③ 現代社會才有的主要職業

編輯、記者、作家、播報員

這些都是透過書籍、雜誌、報紙等媒體傳遞資訊的工作。日本第一本以販售為目的而出版的書籍出現在江戶時代（西元一六〇三年至一八六七年），第一份報紙則是在明治時代（西元一八六八年至一九一二年）發行的。一般來說，編輯在拿到作者寫好的稿子後，需要先進行潤校、排版等過程，確認內容無誤後，再付梓印刷即可。

【如何入行？】

通常先要進入出版社、報社、書籍製作公司工作，可就讀大眾媒體相關的大學科系或專門學校，學習相關知識很有幫助。

▲漫畫編輯最重要的工作就是與漫畫家一起合作，讓作品順利上市。

【相關職業】

校對人員、編輯設計、文案撰稿人。

節目導播、節目編劇

這些都是透過電視或廣播節目傳遞資訊的工作。日本是全世界第一個成功傳送與接收電視影像的國家，一九五三年，日本第一個電視節目開播。負責統籌節目製作整體流程的人稱為製作人，在現場指揮的是導播，協助導播工作的是助理導播（AD），與上述成員齊心協力，負責編寫節目腳本的人，稱為編劇或腳本家。

【如何入行？】

最常見的方法是進入電視台、廣播電台、節目製作公司工作。

▲以節目製作為例，通常先從助理導播開始做起，累積經驗後成為導播，最後晉升為製作人。

【相關職業】

播報員、燈光師、錄音師。

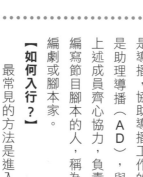

演員、配音員、藝人、模特兒

自古就有戲劇、舞台劇等表演藝術，也有不少與演戲相關的工作。現代隨著影像、電視、網路的普及，越來越多人從事表演維生，相關職務也越來越廣泛。

此外，利用自己的聲音演出動畫角色，或擔任節目旁白，為國外電影配音，這些都是配音員的工作。日本的動畫文化傲視全球，深受全世界注目。

【如何入行？】

通常是透過招募或甄選活動，進入劇團或經紀公司，接受培訓，學習相關技能。如果想要演戲，也能進入劇團、演藝學校或演藝補習班學習。目前日本有許多搞笑藝人養成學校、模特兒訓練班等培育相關人才的公司。

▲演藝工作雖然表面上光鮮亮麗，但許多人很長一段時間都默默無名。

【相關職業】

搞笑藝人、舞者、編舞老師。

職業運動員

這是透過運動賺取收入的工作。越來越多人將欣賞體育賽事當成休閒娛樂，也有許多職業運動員喜歡在支持者面前表演精采絕活。

▲不少職業運動員活躍於世界舞台。

【如何入行？】

有很多方法可以入行。在日本，如果想打棒球、籃球或踢足球，可以加入業餘隊累積戰績，再加入職業球隊或俱樂部。若想從事拳擊、高爾夫球、保齡球等運動，必須通過職業考試。如果是賽馬選手、自行車選手等官方許可的競技比賽，必須有相關學校或培育所的資歷。想成為相撲選手，必須通過新弟子檢查。若想成為職業摔角手，要通過入門考試，以學生身分磨練技巧，累積經驗。若想成為田徑、體操、游泳、桌球等職業選手，必須與企業或贊助商簽約，宣誓成為職業運動員。

【相關職業】

球隊職員、體育用品商員工、體育用品店店員、訓練員、球隊經理、體育經紀人、體育主播。

法官、檢察官、律師

在江戶時代的日本，町奉行所兼具法院的功能。直到第二次世界大戰之後，日本憲法才明訂三權分立的原則，建立現代的審判制度。檢察官要負責檢視證據和證詞，決定是否將案子送進法院起訴。法官的職責是解決兩造的紛爭，判斷被告是否有罪，是否要處以多重的罰則。律師則是在案件中幫被告辯護，或解決社會糾紛。

▲法官、檢察官、律師統稱為「法曹三者」。

【如何入行？】

這三種職業都要通過被稱為「最難國家考試」的司法考試，為此，必須就讀法律系或法學研究所學習必要知識，這是最常見的途徑。通過司法考試後，先成為司法實習生，累積司法實務，再各自任職。

【相關職業】

行政書士（類似台灣的代書，但負責民法部分）、司法書士（類似台灣的代書，但工作主要以不動產和土地有關）、弁理士（專利師）、社會保險勞務士

會計師、稅務師

這兩種工作都是為個人或公司提供建議或是指導，帶有「顧問」性質。戰後隨著經濟發展，出現了專門處理金錢，負責監察（檢查並確定企業資金的收支是否正確無誤）的工作，這項工作日趨重要。

稅務師是負責處理稅務的顧問，代辦報稅與各項稅務申請事宜，承包稅務資料製作與稅務諮詢等業務。會計師除了特有的監察業務之外，也負責執行會計業務、稅務業務、企業經營顧問等工作。

▲會計師與稅務師的工作職責就是讓業主花的錢符合法規。

【如何入行？】

一定要報考稅務師考試或會計師考試，取得國家執照。通常都是先就讀大學的商學、法律與經濟相關科系，學習相關知識，通過考試後，再到稅務師事務所、會計事務所工作，累積實務經驗。

【相關職業】

財務規畫師、經營顧問、記帳士

美髮師、理容師

自古就有幫人剪頭髮的工作，日本以前雖然也有幫人綁髮髻的行業，但「美髮師」是最近才誕生的職業。一九四七年，日本政府制定了理容師法；一九五七年，將美髮師獨立出來，特別制定了美容師法。

一般來說，理容師的工作是幫客人剪頭髮、刮鬍子，整理儀容；美髮師則是幫客人剪頭髮、燙頭髮、染頭髮、化妝等，讓儀容更漂亮。此外，在雜誌或電視節目幫人吹髮化妝的髮妝師，也是相關工作之一。

【如何入行？】

在日本，想要成為美髮師或理容師，必須先就讀厚生勞動大臣指定的培訓學校，學習必要知識與技術，考取國家證照。之後，再進入美容院、理容所、化妝品廠商工作。

【相關職業】

化妝師、護膚美容師、美甲師、美容顧問、化妝品調香師

▲美髮師與理容師最大的差異在於理容師會幫客人刮鬍子。

照顧服務員

這是在醫院、特別養護老人之家、日間照護中心等社會福利機構從事看護工作，是在第一線挺身而出的英雄。基本工作包括協助長者或身障者吃飯、沐浴、上廁所，照顧生活起居，同時也是被照顧者很重要的精神支柱。由於少子高齡化將越來越嚴重，因此這類與看護、社會福利有關的工作也越來越重要。

【如何入行？】

在台灣，年滿十六歲、身心健康、具照顧服務熱忱，在完成五十小時核心課程、四十小時實習課程後取得結業證書，進而考取「照顧服務員單一級技術士技能檢定」取得技術士證照，即可從事相關工作。或是高中（職）以上學校，護理、照顧服務科系畢業，亦可取得從業資格。

【相關職業】

社福員、心理衛生社工、外出照服員、照管專員、個案工作者

▲想從事照護和福利機構相關工作，一定要具備個性開朗、體貼關懷、細心負責等特質。

系統工程師、程式設計師

這些都是與開發電腦軟體（啟動電腦的程式或機制）有關的工作。系統工程師要配合業主需求，設計出可以達成目的的系統。程式設計師則是根據系統工程師的設計寫程式，讓系統與軟體可以正確啟動和運作。學校其實也會教如何編寫程式，各位應該可以想像這兩個職業的工作內容吧？近幾年，這類職業越來越不可或缺，相關從業人員越來越多，想必未來需求也會急速增加。

【如何入行？】

最常見的方式是就讀理工類大學或專門學校，學習相關知識，或是透過職業訓練課程學習相關專業技能。

【相關職業】

硬體、軟體、AR（擴增實境）、VR（虛擬實境）、MR（混合實境）、網路安全等各種工程師。

▲受惠於網路普及，工作選擇變多，家長可以在家兼顧育兒與工作。

遊戲設計師

這是開發遊戲的相關工作。日本自從在一九七五年正式發售第一台家用電視遊樂器後，遊戲業蓬勃發展，如今已成為最具代表性的日本產業。直到今日，仍然有許多運用最新技術的遊戲機問世，也有越來越多最關鍵的技術人員加入這個領域。遊戲設計師必須構思遊戲軟體企畫，讓想法化為具體商品。遊戲製作人與遊戲總監則要負責帶領遊戲製作團隊，讓商品成功上市。遊戲業界還有許多不同的工作。

【如何入行？】

就讀大學理工或電腦相關科系學習相關知識，或是透過職業訓練課程學習相關專業技能。

【相關職業】

遊戲程式設計師、遊戲編劇、遊戲腳本師、遊戲音樂家、平面設計師、遊戲測試員。

▲遊戲業界最近開發出多款結合VR技術的超逼真遊戲。

科學技術進步仍不掩風采的日本傳統藝能與職人技藝

傳統工藝士

日本擁有許多舉世聞名的傳統工藝品，運用雙手製作的技術與傳統代代相傳，流傳至今日。儘管近幾年面臨到無人接班的窘境，但日本傳統文化仍持續進步，備受全世界注目，傳統工藝品也越來越受各界歡迎。

▲時至 2019 年 11 月，日本的「傳統工藝品」總共有 235 項。

經濟產業大臣指定的「傳統工藝品」包括有織物、染色品、陶瓷器、漆器、木工品、竹工品、金工品、佛壇、佛具、和紙、文具、石工品、貴石細工（一種寶石工藝技術）、人形（人偶）、木芥子（源自日本東北地區的人偶，以木頭手工製作）等，種類相當豐富。日本政府建立了「傳統工藝士」的國家認證制度，只要考取這項執照，就是傳統工藝的傳承者。一般來說，只要拜職人為師，或是在相關企業工作，累積十二年以上的實務經驗，就能獲得傳統工藝士考試的報考資格。

歌舞伎演員、能樂師

歌舞伎與能樂都是日本傳統藝能，不只是日本的國家重要無形文化財，也是聯合國教科文組織登錄的無形文化遺產。歌舞伎的起源是出雲阿國表演的歌舞，名為「かぶき踊り（Kabukiodori）」，後來「かぶき」就以漢字「歌舞伎」來書寫。歌舞伎在江戶時代大放異彩。能樂是「能」與「狂言」的總稱，起源於奈良時代，在室町時代集大成。在過去，非親族的外人很難繼承這兩項職業，但自從建立研修制度之後，一般人也能進入這個領域。

落語家、講談師

這兩項傳統工藝都擁有非常悠久的歷史，落語家和講談師運用巧妙的話術，表現有趣奇怪的故事，娛樂觀眾。兩者最大的差別在於，落語師要親自演出登場人物，講談師則是旁白，敘述故事。想成為落語家和講談師只有一個方法，那就是拜師學藝，累積實務經驗。

▲在落語、講談的世界中，技術最高超純熟的人稱為「真打」。

大雄放送協會

我以後要當藝人。
用我美妙的歌喉和男子氣概，成為日本的新偶像。
我就不一樣了，我要當導播。
那是什麼？
類似導演啦。

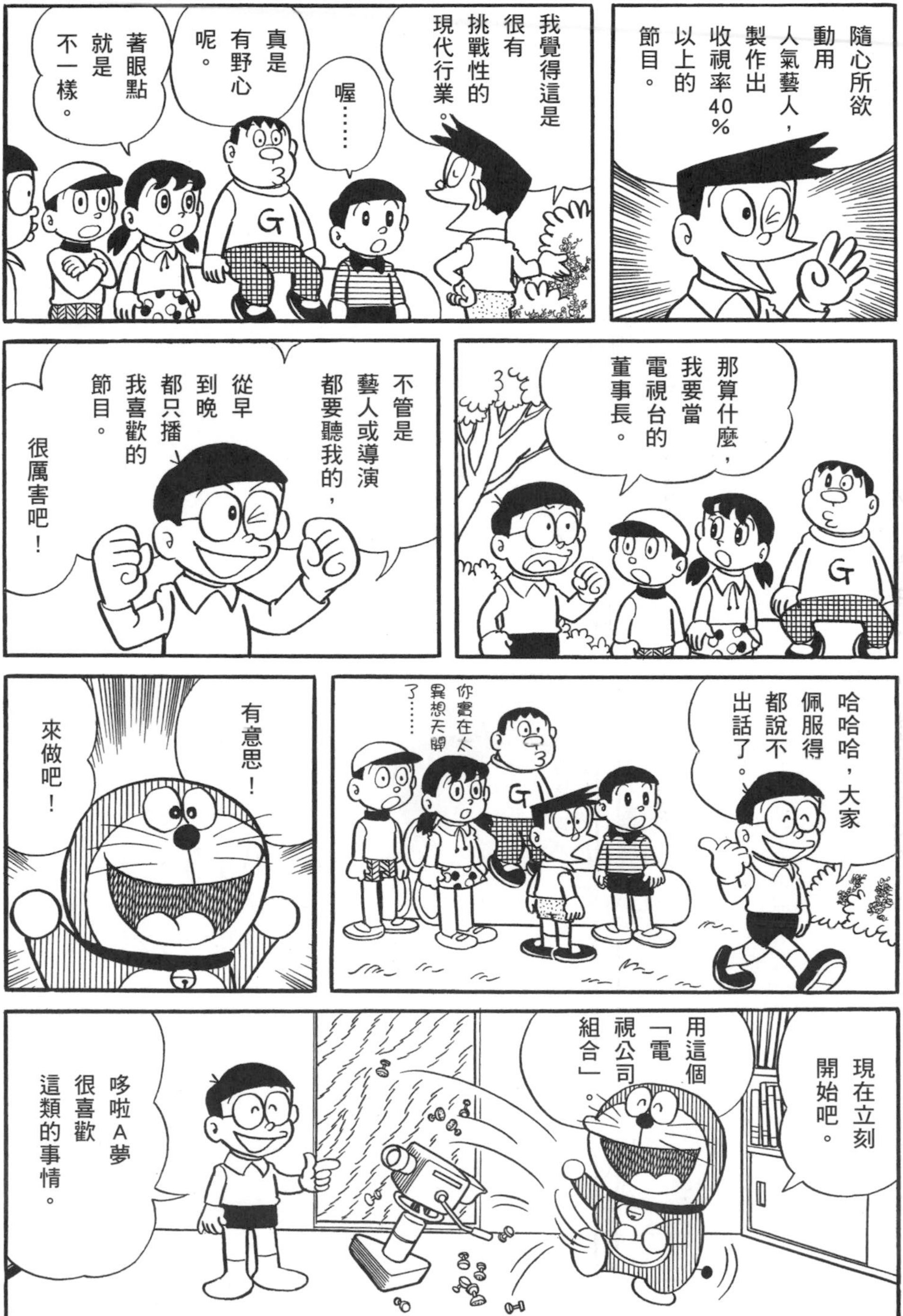

隨心所欲動用人氣藝人，製作出收視率40%以上的節目。
我覺得這是很有挑戰性的現代行業。
喔……
真是有野心呢。
著眼點就是不一樣。
那算什麼，我要當電視台的董事長。
不管是藝人或導演都要聽我的，從早到晚都只播我喜歡的節目。
很厲害吧！
哈哈哈，大家佩服得都說不出話了。
你實在人異想天開了……
有意思！
來做吧！
現在立刻開始吧。
用這個「電視公司組合」。
哆啦A夢很喜歡這類的事情。

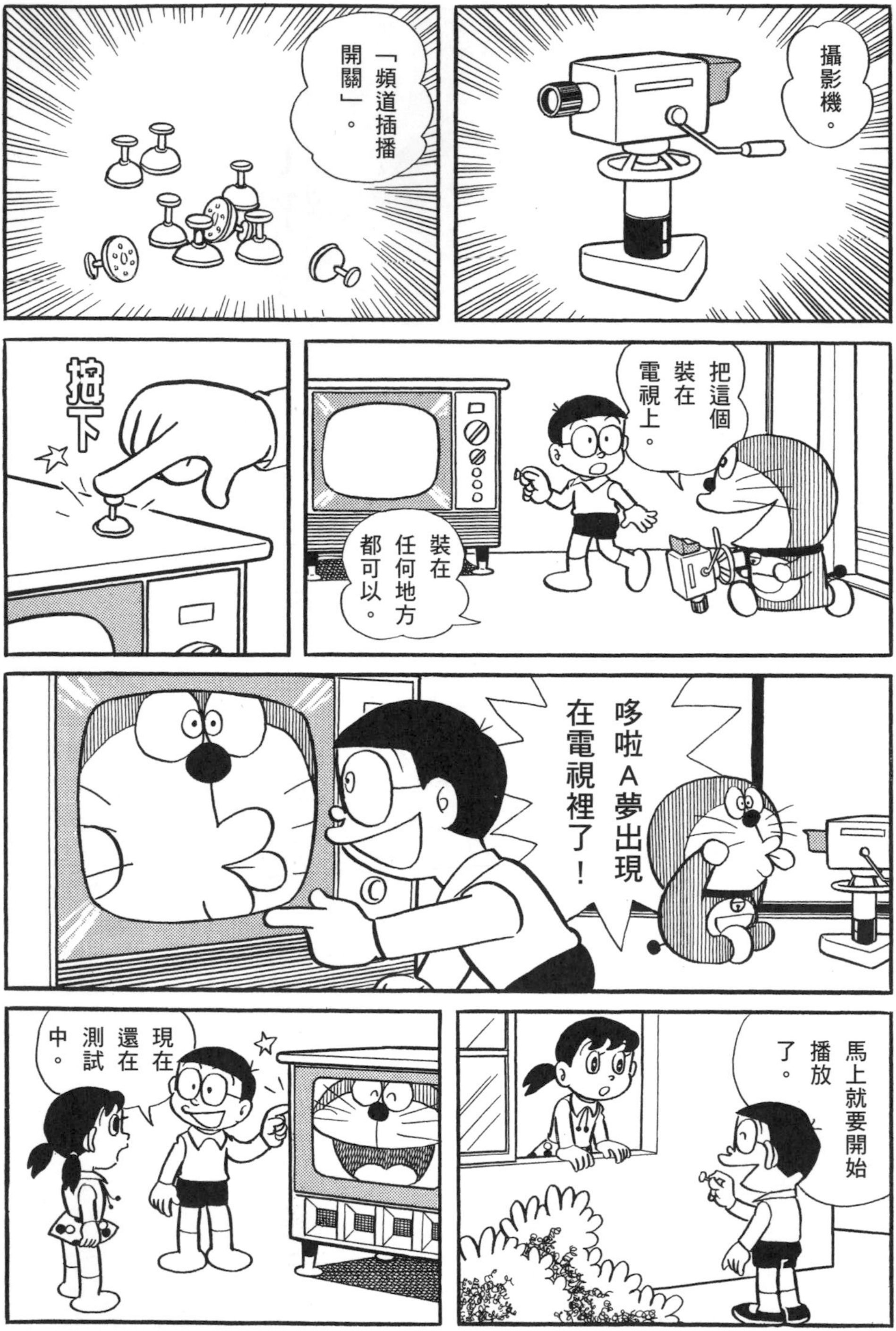
攝影機。
「頻道插播開關」。
把這個裝在電視上。
裝在任何地方都可以。
掐下
哆啦A夢出現在電視裡了！
馬上就要開始播放了。
現在還在測試中。

萬能工作體驗箱Q&A

Q 日本如何稱呼在新幹線區間檢查線路的測試車？①紅醫生 ②藍醫生 ③黃醫生

A ③黃醫生。又稱為「新幹線醫生」的黃色新幹線，正式名稱為「新幹線電氣軌道綜合試驗車」。

只要裝在電視上就好了。
很有趣喔。
大家也看看吧！
是NHK（大雄放送協會）耶！
那麼先開始討論要做什麼節目。
要做很有趣的節目出來。
首先是歌唱節目。
這附近會唱歌的人……
大恐龍嗎？

萬能工作體驗箱Q&A

Q 下列哪一項職業是在電視、廣播節目播報新聞的人？①主播 ②製作人 ③總監

A
①主播。主播是一個相當受歡迎的職業，如果要報考主流電視台的錄取考試，錄取率只有千分之幾。

星際牌電視
今後是宣傳的時代。
在我們的節目中播廣告的話，營業額會大幅成長喔。
我們不用做那種事，營業額就很好了。
桑原書店
我沒時間陪小孩玩啊。
植竹食堂
如果是免費的，我就當贊助商。
不用不用。
我們不需要。
他們都不了解電視的力量。
生意好的店是行不通的。
去找沒什麼生意的店。
這家店看起來髒髒的好像隨時都會倒閉。

Q 美國蘋果公司販售的智慧型手機叫什麼名字？①Android ②iPhone ③Windows

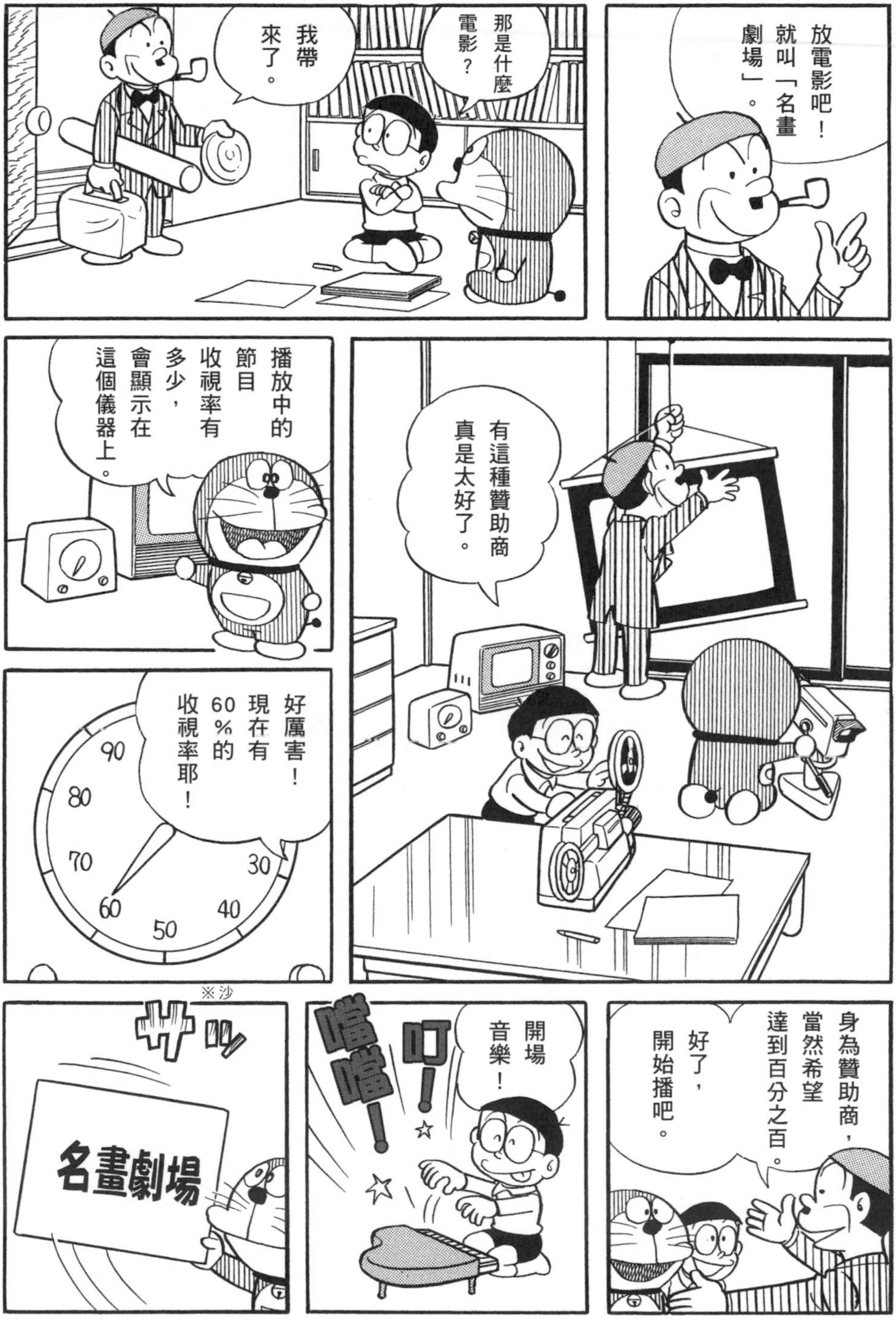
放電影吧！就叫「名畫劇場」。
那是什麼電影？
我帶來了。
有這種贊助商真是太好了。
播放中的節目收視率有多少，會顯示在這個儀器上。
好厲害！現在有60%的收視率耶！
90
80
70
60
50
40
30
身為贊助商，當然希望達到百分之百。
好了，開始播吧。
開場音樂！
叮！
噹噹！
サッ
※沙
名畫劇場

A ②iPhone。蘋果公司開發出全球最早期的個人電腦「Apple Ⅱ」，於一九七七年發售。

Q 哪一家是推出日本第一台家用電視遊樂器的玩具廠商？①Epoch ②多美 ③任天堂

贊助
間津井糕點店
我來做解說吧。
真正式呢。
這部是我在一九七〇年拍攝的八釐米藝術大作。
五小時內，只拍一個男人的臉。從他的表情中，可以看到人生的悲歡離合。這真是太厲害了。
好像是很難懂的電影……
那麼，我們之後再見吧。
開始播放！
喀喀！
喀喀！
這是什麼啊？
這種東西要持續五小時？
沒錯！很有藝術氣息吧？
啊啊！收視率掉了！

A ① Epoch。一九七五年發售「TV Tennis」，Epoch也是推出森林家族與棒球盤的玩具製造商。

四十……
三十……
二十……
一下子就掉到零了！
這樣實在是……
我到底是為了什麼而花大錢的呢……
請把錢還我吧。
不、不是啦，這只是因為電影太無聊……
你竟敢汙辱我的藝術！
那個電影確實很無聊。
交給我吧。
我有個好主意喔。
整人攝影機？
對毫不知情的人惡作劇。
然後拍他們一臉驚訝的樣子。
好像不錯耶。
我們試試看吧。
總之想辦法提高收視率吧！
再掉到零的話，就要把錢還我喔。
馬上就會開始，所以你先宣傳吧。
OK！

萬能工作體驗箱Q&A

Q 哪一棟是出自現代建築巨匠勒・柯比意之手？①國立競技場 ②國立西洋美術館 ③新國立劇場

A ②國立西洋美術館。一九五九年開館，位於東京上野。二〇一六年列入「勒・柯比意建築作品」，登錄為世界遺產。

哇啊！真有魄力！
等、等一下！我會付演出費的……
演出費啊！嘿嘿嘿。
既然都要上電視的話那我……
收視率50%！
身為贊助商，我也很高興。
整人節目要暫停，換歌唱節目。
※沙
胖虎演唱會
嗚……
哇！收視率掉下去了……

萬能工作體驗箱Q&A

Q 野口英世是日本千元紙鈔的肖像，請問他生前的職業是什麼？①政治家 ②小説家 ③醫師

A ③醫師。野口英世是一名醫師與細菌學家，主要研究罹患黃熱病的原因，曾被數度提名諾貝爾獎。

動畫製作機

咦……你要在這裡做什麼啊？
我把倉庫改建成工作室了。
聽了可別嚇一跳喔！
我要製作動畫！
製作動畫!?
真的會動嗎!?
世上哪有不會動的動畫啊？
完成的話我打算賣給電視台或劇場。
真、真的嗎？

所以才要找你們來商量。
製作動畫是很辛苦的工作。雖然我有充裕的資金，但是人手不足。
不知道你們肯不肯幫我？
好像很有趣。
我要幫忙！
我也要。
大雄不行。因為你畫得很爛。
既然如此，一開始就不要叫我來嘛!!
給我動畫工作室!!
這樣啊……
你想製作動畫，然後跟小夫一較高下？
可是，你知道動畫為什麼會動嗎？
不太清楚，應該是……
畫張圖……

萬能工作體驗箱Q&A

Q 日本的國民榮譽獎是要表揚給予社會明亮希望的人物，這個獎項只頒給運動選手。這是真的嗎？

A 假的。雖然以運動選手居多，但也有演員、歌手、作曲家、漫畫家、冒險家、棋士等各種職業上榜。

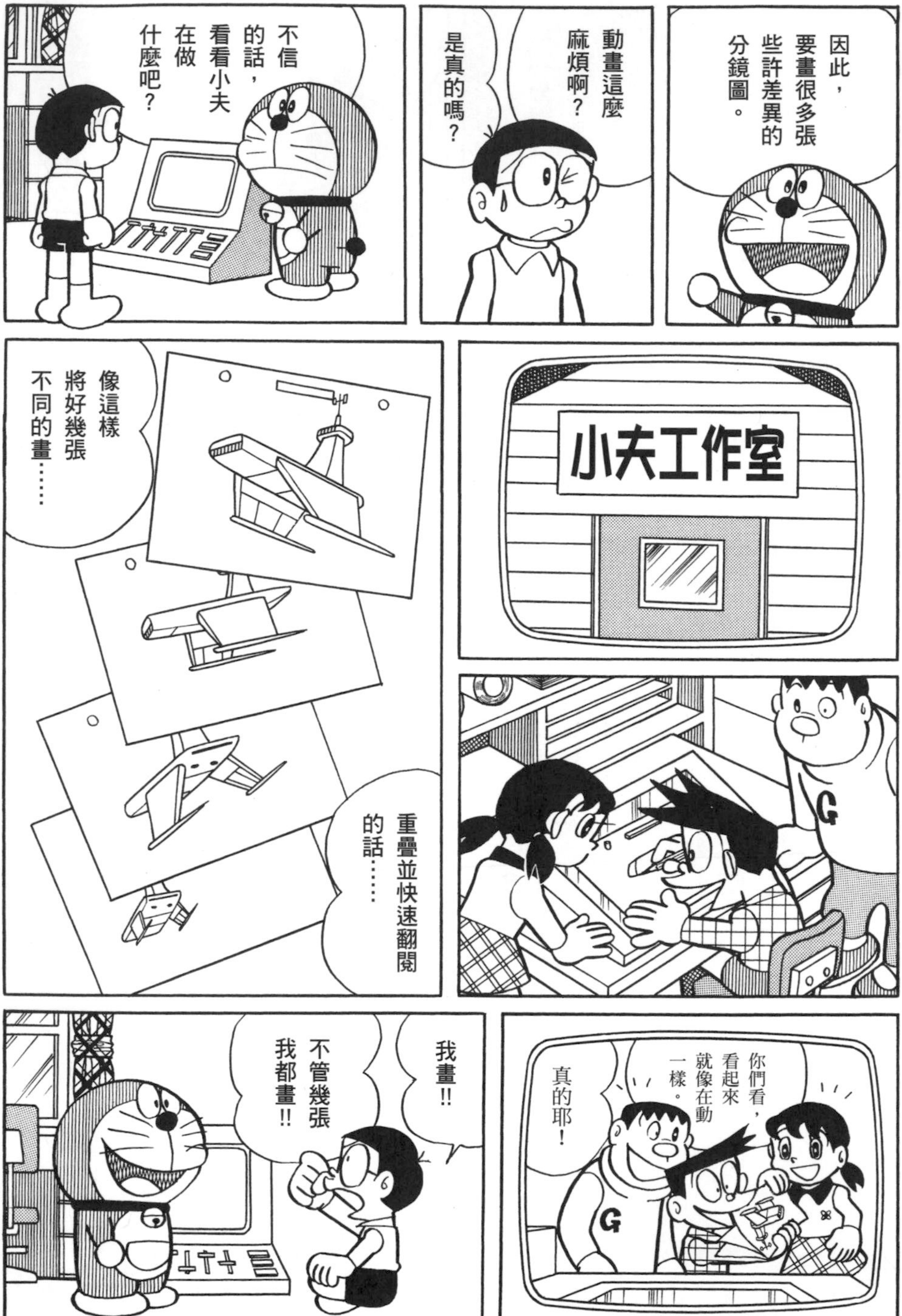
因此，要畫很多張些許差異的分鏡圖。
動畫這麼麻煩啊？
是真的嗎？
不信的話，看看小夫在做什麼吧？
小夫工作室
像這樣將好幾張不同的畫……
重疊並快速翻閱的話……
你們看，看起來就像在動一樣。
真的耶！
我畫!!
不管幾張我都畫!!

萬能工作體驗箱Q&A

Q 國際勞工組織是聯合國與全球勞工有關的專門機構，其英文簡稱？①IMF ②ILO ③WHO

「發光透寫墊」。
畫好一張圖後，再將另一張紙疊在上面，然後一邊描繪下方的圖，一邊稍作修改、畫出不同的圖……
會不會差太多了啊？
因為還不習慣。
像這樣的圖要畫幾張？
如果是十分鐘左右的動畫，大約要兩千張。
畫一張要花三十分鐘的話……
要一千小時。
一天連畫十小時，需要一百天。
真是拿你沒輒。
「動畫製作機」。

A ② ILO。國際勞工組織創設於一九一九年，成立宗旨是改善全球勞工的工作條件，實現世界和平。總部位於瑞士日內瓦。

不要拿我當主角啦！
你以為我願意啊？但是我想不出還有誰啊……
只要按下「角色」鈕，它會自動幫我們製作。
如果沒有放入劇本，不知道要製作什麼角色才好。
也對。
想做什麼樣的故事？
我想做科幻故事。我是主角，在宇宙中非常活躍。
請依剛才所講的來製作劇本。
ポン
※波
定稿
「大雄之宇宙歷險」
以黑洞為舞台，大雄與宇宙魔王對抗的故事。
好有趣喔!!
「大雄
大雄
神
靜香
角色表跟分鏡圖都完成了。

萬能工作體驗箱Q&A

Q 無論是哪國人，只要有護照就能在日本工作。這是真的嗎？

A 假的。基本上外國人一定要有簽證才能入境日本。除了工作簽證之外，還有觀光、學生、商務等不同用途的各種簽證。

只要這樣躺著等待，就能完成電影。
製作動畫真輕鬆。
主角應該是長這樣的。
你卻畫成這幅德性。
囉嗦！
這樣比較帥!!
好像有人來了。
什麼!?
大雄製作了一部動畫!?
一定是一堆鬼畫符。
還有很白痴的劇情。
喔、喔、喔……

※喀鏘喀鏘喀鏘

萬能工作體驗箱Q&A

Q 日本法律規定上班族每週的工作時間最多為幾小時？①二十小時 ②四十小時 ③六十小時

A ②四十小時。原則上一天工作八小時，一週不可超過四十小時，這是一九四七年制定的勞動基準法所規定的。

竟然有這種工作？過去的職業

鬧鐘還沒發明前 有專門叫人起床的工作

你每天早上都是怎麼起床的？是請家人叫你起床嗎？相信現在有許多人是用鬧鐘或智慧型手機的鬧鈴功能叫自己起床。在機器尚未發明且家裡沒有時鐘的時代，你知道當時的人們是以什麼方式起床的嗎？

很久以前，歐洲有著叫別人起床的職業。時鐘是在大約一九〇〇年後才普及於民間，在一九〇〇年之前，如果有工作或與別人有約，還是得確實起床才不會遲到。因此，當時的人就會委託負責叫別人起床的人，請對方要在幾點時叫他起床。時間一到，負責叫別人起床的人就會到委託人的家，敲對方的窗戶或大門，叫委託人起床。

▲在沒有鬧鐘的時代，有這種叫人起床的工作。

信件和貨物也是請人跑腿運送

如果要寄信或物品給別人時，該怎麼辦？現在可以委託郵局或快遞公司寄送，利用汽車（貨車）、鐵路、飛機、船等各種交通工具運送。如果是文件或圖片，可以透過電子郵件、社群網站等網路工具寄送。不過，在這些工具尚未發明之前，是靠人用雙腳快跑寄送，或是利用動物馱運。

日本一直到江戶時代（十七世紀中期）為止，有許多被稱為「飛腳」的人，他們以跑步的方式幫忙運送信件或物品。無論

▲在沒有汽車和鐵路的時代，運送信件與貨物必須仰賴人力。

路途多遠，「飛腳」靠自己的雙腳幫別人運送貴重物品。話說回來，當時從江戶（東京）到京都大約五百公里，最快三天就能抵達，腳程之快令人佩服。

在電力與機器普及之前，所有事情都要靠人力完成

以電話為例，現在只要輸入號碼，機器就會自動連接，我們就能與對方通話。但是在以前，必須靠手動的方式連接雙方的電話迴路，負責這項工作的人叫做「接線生」。直到昭和時代（一九二六年至一九八九年）後期，日本還有許多接線生。

此外，電力尚未普及時，路燈都是瓦斯燈。日本最初鋪設電力路燈，是在明治時代的一八八二年，不過，直到很久以後才普及全國。瓦斯燈不像電燈，無法以開關控制，因此當時有一種職業叫「點燈人」，他們負責在入夜前點燈，天亮時熄燈。這個世界上有許多工作隨著技術發達而不再有需求，逐漸消失在市場中，或者是從業人員大幅減少。各位不妨也想想自己身邊常見的工作在過去是什麼模樣？可以仔細研究一下唷！

▲點燈人負責點亮路燈，在當時是很重要的工作。

知識小專欄　支薪方式也與過去不同？

各位知道公司都是如何支付薪水的嗎？現在最常見的方式是將薪資匯入員工的私人帳號，但過去大多數老闆是將薪水放在薪水袋裡發給員工。1968 年發生的「三億日圓事件」是日本犯罪史上最有名的案件，這是改變薪資支付方式的原因之一。當時有一家工廠準備了大約三億日圓現金，要支付給工廠員工當作獎金，沒想到卻被搶走，這個案件直到現在都沒有偵破。從此之後，許多人開始覺得經手大量現金是很危險的事情，加上銀行與提款機日漸普及，才慢慢改成以匯款方式支付薪水的形式。

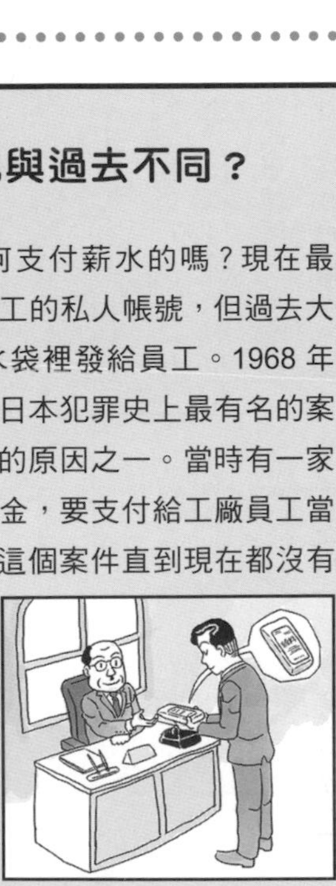

日本的工作與國外的工作截然不同

文化與民情不同 需要的工作也會改變

在上一頁中，為各位介紹了隨著時代演變，職業與工作內容也會隨之改變。事實上，不同國家的工作也不一樣。由於文化、民情、社會機制和想法都不一樣，需要的工作與有用的職業自然就會產生差異。

在第八十六以及八十七頁為各位說明了許多先進國家都是以第三級產業為主流，日本也是其中之一，但也有許多國家不是這樣。有些國家是以第一級產業與第二級產業的比例最多，有些國家則幾乎所有國民都務農維生，還有許多人過著自給自足的生活。這種情形沒有對錯，大家純粹是發揮自己的特色，過著適合自己的生活。

▲美國的農民在比日本大好幾倍的農地上，從事「大規模農業」，只要少數人力就能完成工作。

同樣是「律師」 日本與美國的工作內容不同

即使是相同的職業，在不同國家也會有不同的工作內容。在這裡以日本和美國的律師（關於職業內容請參閱第九十頁）為例，為各位說明。

日本目前大約有四萬名律師，美國則有超過一百萬人。如果從國家人口來看，日本人口為一億三千萬人左右，美國大約三億三千萬人，美國律師人數竟然是日本的十倍以上。

▲在美國任何事都可能上法院，例如「翻倒咖啡導致顧客燙傷」、「鬼屋很恐怖」、「吸菸導致生病」等。

之所以會有這樣的現象，是因為美國訴訟案件真的很多，就連「咖啡很燙，燙到我了」都能興訟。此外，日本還有稅理士、司法書士、行政書士等專業人員處理相關事務，加上美國有判例法，與日本對於法律的觀點不同，各州又有自己的州法，每個案件都要花許多心力與時間調查。由於這個緣故，美國律師的工作範圍相當繁雜，才會有這麼多人投入律師的行列。

英國到處可見慈善商店的身影

接著，一起來了解日本與英國在文化上的差異吧！各位有聽過「慈善商店」嗎？慈善商店指的是民眾將衣服、生活雜貨等自己不需要、不再使用，但保存狀態良好的物品捐贈出來，由店裡的義工轉賣，所有收益都運用在非營利活動（以貢獻社會為目的，不將利益與所得納入私人口袋裡）上。

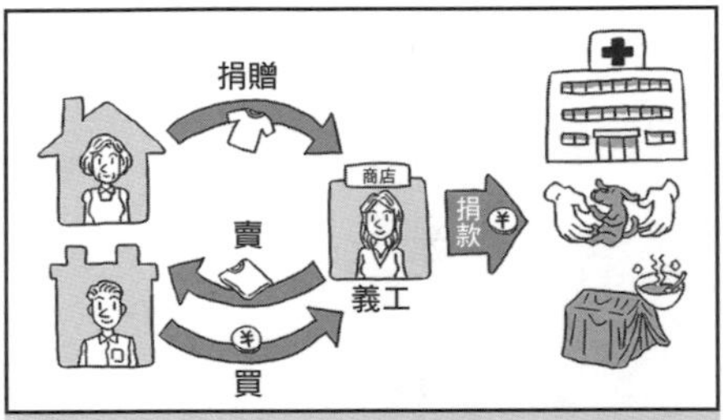

▲地方民眾齊心合作賺取的收益投入社會之中，這就是慈善商店的初衷。

慈善商店的概念在日本還不普及，但是在歐美國家很常見。在歷史悠久的英國，慈善商店相當普遍，幾乎到了每條商店街都有一、兩家的程度。由於這個緣故，慈善商店已深植國民生活之中，相關從業人員的數量也不少。慈善商店創造不少收益，運用在醫療、教育、環保、動物保護、貧困者、身心障礙者等各種支援活動上，讓社會變得更好。

貢獻社會是職業的重要目的之一，希望這類活動也能在日本越來越廣泛。

知識小專欄

政府最高首領的頭銜各國不同

日本政府的最高領導人是內閣總理大臣（首相），美國政府的領袖是總統。日本沒有總統，美國也沒有內閣總理大臣。這是因為日本採行內閣制（議會制），總理大臣是從國會議員中選出來的；美國實施總統制，總統是由國民選出來的，兩國的政治體制不同。綜觀 G7 峰會（主要國家領袖會議）成員國，日本、英國、德國、義大利與加拿大等國家領袖為首相；美國與法國為總統。台灣也是總統。

「工作方式」持續變化中

修正日本人過勞問題，持續演變的工作方式改革

改變的不只是職業與工作內容，這幾年各地都在推動「工作方式改革」。顧名思義，就是政府正致力於檢視並改變工作方式，促進工作轉型。

過去有許多人在黑心企業工作或兼職，長時間工作導致身體健康崩壞或心理出問題，甚至導致各種社會問題，因此引起了政府關注，進而產生工作方式改革。

日本人天性認真負責，或許是因為這個關係，放眼全世界，大家普遍認為日本人過勞。

▲有越來越多父親兼具工作和育兒。

「工作與生活平衡」的概念，讓工作與生活更充實

從統計數據上就能看出，長時間的大量工作不代表工作效率很好。根據日本生產性本部的統計資料顯示個人工作效率與工作成果比例的「勞動生產力」，日本在主要先進國「G7國家」中排名最後。這種情形從一九七〇年至今，已經延續了將近五十年了。

近年來，「工作與生活平衡」的概念抬頭，受到各界矚目。簡單來說，「工作與生活平衡」指的是「工作與家庭生活之間維持住最少衝突角色，並處於完美的正常運作」。無論是工作、興趣或是家庭，每一項都很重要，一

▲工作與興趣都充實，人生就會更豐富。

定要維持平衡。工作與生活不是毫無相關聯的兩件事，而是密切相關的要素。生活充實可以提高工作效率，工作順利能讓生活更豐富。

隨時隨地都能工作，遠距工作、在家工作

各位聽過「遠距工作（WHF, Work from home）」、「在家工作（WAH, Work at home）」嗎？這是為了防止新冠肺炎疫情擴大，中央與地方政府從二〇二〇年大力推動的政策，相信各位應該不陌生。「遠距工作」或是「在家工作」指的是公司員工在家裡或辦公室以外的地方工作。如今網路等資通訊科技普及，硬體性能也突飛猛進。數據資料可以透過網路迅速且即時的傳送與接收；需要溝通的時候，可以透過視訊會議開會。因此，即使不在公司，也能完成工作。這類機制就是工作方式改革的措施之一。

▲受惠於網路普及，身處不同地方的人們也能開會交談。

話說回來，為什麼遠距工作、在家工作有助於防止病毒傳染擴大？因為可以避免群聚，減少在密閉空間中與他人密集接觸的機會，自然就能降低感染風險。當通勤人數減少，就能舒緩上班尖峰時間擁擠的人潮，降低人與人接觸的機會。學校停止上學、關閉校園也是基於相同理由。減少群聚的目的就是預防接觸感染與飛沫感染。

知識小專欄　「工作」的中文意思和日文不同？

中國是發明中文字的國家，日本也有使用，稱為漢字，但在中國與日本，即使是同樣的名詞，有時候意思截然不同。「仕」這個字在中文裡是「做官」的意思，但在日本「仕事」這兩個漢字的意思則是指「工作」。在中國，有許多職業是以「工作員」稱呼的，指的是「工作的人」、「工匠」等。

此外，工作的英文是「job」。歐美人士常說的「Good job!」，直譯的意思是「工作做得很好」，因而衍生出「幹得好」、「辛苦了」的意思。

職業測試臂章

今月の目標
你們以後想做什麼工作？
我。
我。
我。
我要成為歌手，獲得大賞、上紅白。
雖然我想成為設計師……不過可能繼承爸爸的公司當社長吧！
空中小姐、護士或幼稚園老師。
好多夢想，不知道怎麼抉擇。
我……
嗯……
沒有特定目標。
大家對未來懷抱夢想非常好。
要努力實現自己的夢想喔！

只有我最丟臉。
都是老師問些有的沒的。
對了!!
我就來當老師吧！
可以在小孩子面前擺架子……
不，要放下身段。
就算忘了帶作業，成績不好，也要很溫柔的誇獎他……
我下定決心了！
有決心是很好……
但能維持多久呢？
測試一下如果你是老師，
會怎麼樣呢……
「職業測試臂章」。
在這裡寫上「老師」。
戴在手臂上，就能暫時成為老師了嗎!?
我去學校試試。
現在去又沒人在。
老師

萬能工作體驗箱Q&A

Q 目前負責經營 YouTube 的是哪家公司？①谷歌 ②雅虎 ③蘋果

A ① 谷歌。YouTube是由美國三名年輕人共同成立的，最初是為了與朋友分享影片才建立YouTube網站。

萬能工作體驗箱Q&A

Q 以CG人物（虛擬人物）為主角的YouTuber稱為什麼？①Ctuber ②Gtuber ③Vtuber

A ③ Vtuber。指的是以頭像（分身）發表影片的「虛擬網紅」，最具代表性的是絆愛（Kizuna AI）。

當老師比想像中辛苦，我放棄。
為了學生著想，這樣比較好。
我要當書店老闆。
書店
多讀點書，好好用功啊。
可以免費看漫畫。
而且只要坐著就好，多輕鬆啊。
暫時交換一下，我幫你看店。
好幸福喔。
又在看免錢的了。
パタパタ
※ 啪嗒啪嗒

萬能工作體驗箱Q&A

Q 下列哪個數字最接近全世界從事電子競技的「人口數」？①一百萬人②一千萬人③一億人

A ③ 一億人。至二〇二〇年四月為止，全世界從事電子競技的人超過一億，差不多相當於日本人口，或是稍微多一些。

像你那樣怎麼做生意啊？
所以我不幹了。
你啊……做事要更積極點。
這麼懶惰，沒有一樣工作做得來的。
所以我在找比較輕鬆的工作啊。
又好玩，又風光，又能賺錢的工作。
對了!!
當漫畫家。
坐在桌子前面，畫些好笑的東西就行了。
時間設定長一點。
可以持續三天左右。
不二子不二夫的家在這附近。
ドドド

※咚咚咚

※噠噠

Q 遊戲發行商指的是什麼？①賣遊戲的公司 ②買遊戲的公司 ③開發遊戲的公司

A ① 賣遊戲的公司。從事遊戲企劃、宣傳販售的公司，開發遊戲的公司稱為開發商。

持續大幅變遷的工作樣貌

資訊化與全球化持續發展
資訊社會使產業更進化

在前文中，為各位説明了隨著人類社會變遷，工作也跟著演變的歷史。那麼，你知道你現在所處的時代是什麼樣的社會嗎？

電腦網路等ＩＣＴ資通訊科技（Information and Communications Technology）以驚人速度迅速普及，硬體功能爆發性成長，如今家家戶戶都有電腦，人手一支手機更是稀鬆平常。無論是與人聯絡、購買生活必需品或買賣商品、推動各種工作，透過網路與別人產生連結已經成為我們生活中不可或缺的一部分。

此外，只要透過網路，隨時隨地都能將訊息分享給世界上任何一個角落的任何一個人，讓全球化更進一步發展。這樣的社會型態稱為「資訊社會」。

善用ＩＯＴ
讓人類生活更豐富便利

資通訊科技讓我們透過網路與所有夥伴聯繫、交換資訊，即使不在場也能操作機器或了解狀況，這樣的機制稱為ＩｏＴ物聯網（The Internet of Things）。

我們以日常生活為例，不在家也能預約錄影，使用智慧型手機就能檢視冰箱內容物，透過網路搜尋食譜，就能將相關資訊傳送給調理器具，自動做好美味料理。整體社會運用這個機制，讓人民生活更加豐富便利，稱為「智慧社會」。

▲不在家也能監控家裡寵物在做什麼或餵食飼料。

實現智慧化的未來社會「社會5.0」

日本內閣府將人類誕生以來的狩獵社會生活型態稱為社會1.0、自古以來的農耕社會稱為社會2.0、近代以後的工業社會稱為社會3.0、現代的資訊社會則定義為社會4.0。

接下來，日本政府要提倡的是實現智慧化社會，兼顧經濟發展與社會課題，邁向全新的未來社會，也就是「社會5.0」（Society 5.0）。

人類從狩獵社會到農耕社會，再進化成工業社會，經歷了幾千、幾萬年的漫長歲月。但是從工業社會轉型為資訊社會，卻只花了短短大約一百年的時間，社會的轉型期越來越短。

社會型態轉變，工作自然也會跟著改變，今後的工作型態將以前所未有的速度大幅變化。智慧化科技與人工智慧（AI）的活用，大大擴展了人類的可能性與發揮所長的領域。

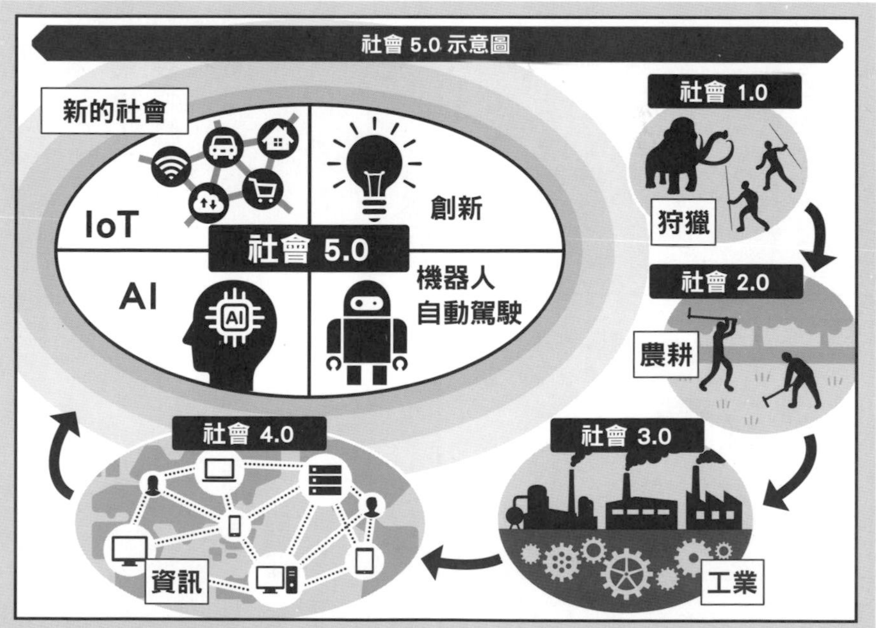

▲社會的英文是「Society」，各位所代表的世代未來將打造一個全新社會。

※根據日本內閣府的資料製作而成

夢想職業隨著時代變化

長大後想從事的「夢想職業」出現顯著變化

長大後，你想要做什麼樣的工作？過去有各式各樣的調查，分析孩子們長大後想從事什麼職業。孩子們嚮往的職業改變了社會與工作型態，加上職業種類越來越多，工作型態自然不斷變化。

不可諱言的，有些職業無論在任何時代都相當受歡迎，例如老師、學者、醫師、警察、藝人、漫畫家等。男生嚮往的職業有運動選手、總教練、木工、建築師；女生想從事的工作有甜點師、護理師、教保員等，這些都是經得起時代考驗的工作長青樹。

▲無論哪個時代，電視上的明星都是許多人嚮往的職業。

最近人氣急速上升的夢想職業

有一項調查是以現在的孩子們想從事的職業為主題，結果發現過去從來沒有過或是從業人員很少的職業，都擠進了排行榜前幾名，包括「YouTuber」、「遊戲玩家」、「電競選手」等（詳情請參閱第一三八頁）。這些都是直到二〇〇〇年之後才逐漸出現的新職業，如今已成為人人嚮往的工作。

此外，遊戲產業蓬勃發展，遊戲的類型不斷增加，分工也越來越細，使得遊戲設計師等遊戲相關職業的人氣也隨著急速上升。此外，資通訊科技的普及與發展，也讓相關從業人員越來越多，以系統工程

▲雖然人人都能當 YouTuber，但需要花心思才能讓更多人看你的影片。

師或程式設計師為志願的人，也比以前多出許多（上述職業詳情請參閱第九十二頁）。

翱翔世界的年輕活力

第七十五頁介紹的藝術家、第八十九頁介紹的職業運動員都是憑實力取勝，因此只要具備相對應的實力，就能成為該業界的專家。雖然不同競賽的規則不同，但理論上小學生也能在某些領域成為專家。

將棋就是當中最好的一個例子。只要加入培養棋士的獎勵會，升上四段就能成為職業棋士。職業棋士藤井聰太在二〇一六年成為史上最年輕的職業棋士，當時他只有十四歲兩個月（國中二年級）。隨後不斷創下紀錄，提升段位，二〇二〇年他更是以十七歲十個月又二十天的年紀，成為史上最年輕棋聖。同年取得王位頭銜，成為史上最年輕二冠。

體育界也是一樣，日本的桌球選手張本智和不只以十四歲六十一天最年輕之姿，拿下ＩＴＴＦ（國際桌球總會世界巡迴）最年輕巡迴賽冠軍，也創下多個最年輕的冠軍紀錄，與許多企業簽訂比賽贊助合約。

不只如此，日本足球選手久保建英與網球選手西村佳奈美（舊姓辻），也是這幾年以國中生身分成為職業選手的典範。從上述的範例即可得知，有許多年輕人活躍於世界舞台。

▲有些競技是靠年輕取勝的，看似資淺的年輕人反而能擊敗經驗豐富的資深前輩。

知識小專欄　越來越多年輕人開公司當老闆

近年來工作領域越來越廣，不少人年紀輕輕就開公司，經營事業。自行開公司展開新事業稱為「創業」，有越來越多大學生、高中生，甚至國中生創業當老闆，其中不乏想出前所未有的新點子、開創出獨特事業的人才。事實上，在日本開公司只要一萬日圓（租辦公室、購買備品的錢另外計算）。在公司上班無法選擇工作，但只要擁有豐富的創造力與達成夢想的熱情，就能以自己的雙手開拓出一條路，這也是不錯的選擇之一。

各式各樣的工作④ 今後會加速發展的職業

將資訊運用在社會的工作、連結人與機器的工作

現代的新工作不斷誕生，種類型態也越來越廣，接下來大家不妨想像一下未來會發展出什麼職業？或是會出現哪些新工作？

最先可以想到的就是，善用能夠與全世界產生連結的網際網路，以及伴隨而來的各種資訊，發揮自己的個性與專長，讓社會更加美好的工作。伴隨著這類工作所產生的龐大資料量，我想一定也會需要更多人來管理並保存。

此外，隨著科技智慧化越來越先進，今後資通訊科技與人工智慧領域也會在各方面更加普及（詳情請參閱第七章）。

如此一來，不只需要製作更高性能的機器與系統，還需要學習高度知識與技術，以教導並協助人們如何正確安全的使用機器，這類連結人類與機器的工作一定也會變得更加重要。

YouTuber

這是將影片上傳至YouTube，根據觀看次數收取廣告費用，利用這個機制維生的職業。相同類型的工作還包括有聯盟行銷的推廣者、部落客、Instagrammer等。由於人氣會直接影響收入多寡，因此必須具備與其他人不同的創造力。

遊戲玩家、電競選手

這類職業的維生方式與職業運動員一樣，必須精進並充分的發揮遊戲技術，參加比賽贏得獎金，並與贊助商簽約獲得資助。近年來，以電玩做為運動競賽主題的「電競比賽」越來越興盛。

▲全球電競選手的人數越來越多，有些競賽的獎金高達上千萬元。

人工智慧醫療協調員

今後少子高齡化的程度將越來越高，醫療和照護服務運用資通訊科技與人工智慧的情形也會增加，因此必須要有兼具醫療與資通訊科技的知識且可以正確安全操作設備的人，這樣的人稱為人工智慧醫療協調員。不只是醫療，其他領域也需要同樣的人才。

資安工程師、資料仲介

資訊社會充斥著爆量的資訊與數據，當然也伴隨著個人資料遭到盜用的風險。因此，會需要管理與保護個資，以及創建資安系統的人。此外，當智慧化程度變高這個社會需要可以正確運用所有資訊的工作，才能讓社會變得更好。

安全防護
滴水不漏
!!
匡鏘匡鏘
喂！喂！

▲不只是電腦的硬體（外部），軟體（內部系統）也要堅固耐用。

機器人設計師、人工智慧工程師

日本的機器人技術深獲世界好評，許多中小學生都有在學習機器人的製作。可以想見今後機器人的數量與種類都會增加，運用的場合也會越來越廣泛。透過遠距操作實現無人飛行的機器人，也就是「無人機」的開發，就是最典型的例子。

未來製作機器人、開發機器人的大腦（人工智慧）、組合程式的職業需求將與日俱增。

機器做不到、只有人類才做得到的工作

儘管利用電腦與人工智慧的工作持續不斷的進化，但還是有「只有人類才能做」，或者應該說是「因為是人類才做得到」的工作，這類工作將會進一步的突顯出價值，並在今後蓬勃發展。

例如藝術家、研究員這一類需要發揮創造力，催生新事物的工作。以及老師、醫生、看護、社工等，這類需要與人對話、共同分享喜怒哀樂的工作，正是人類最大的價值所在。這一點將在第八章詳細解說。

大雄漫畫週刊

期待好久的漫畫週刊，
總算讓我買到了！
※撲通撲通
※期待
應該會發表在這一期。
ドキドキ
ワクワク
※翻頁、翻頁
パラパラパラ
※翻頁、翻頁
咦？
奇怪！
パラパラパラ
※翻頁、翻頁
好奇怪！
パラパラパラ
※翻頁、翻頁
パラパラ
怎麼可能！
甚至沒有入選佳作！

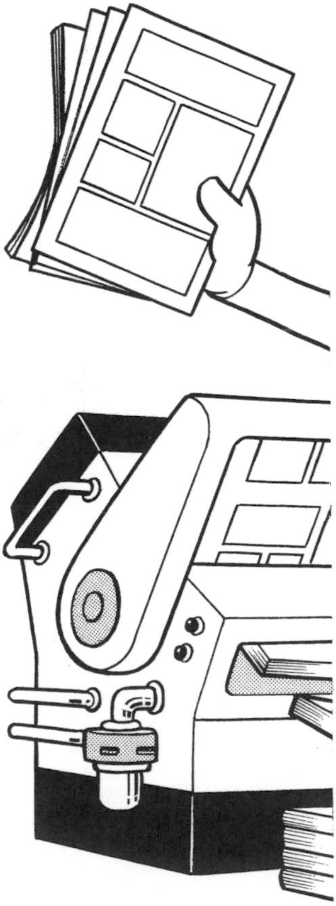

喔~你投稿新人漫畫比賽啊。
我的「大宇宙大怪魔」可是長達三十二頁的傑作。
沒辦法，入選的作品都很出色。
有沒有雜誌肯刊載我的漫畫啊……
有啊。
在哪裡？
自己做雜誌就好啦。
別鬧了！
我不是開玩笑，我是認真的。
「製作雜誌機器組」。
製版印刷機器
編輯機器人
漫畫製造箱

萬能工作體驗箱Q&A

Q Smart Phone的smart指的是什麼意思？①纖細 ②智慧 ③輕盈

A ② 智慧。Smart Phone就是智慧型手機，其他還有智慧家電、智慧城市、智慧農業等用法。

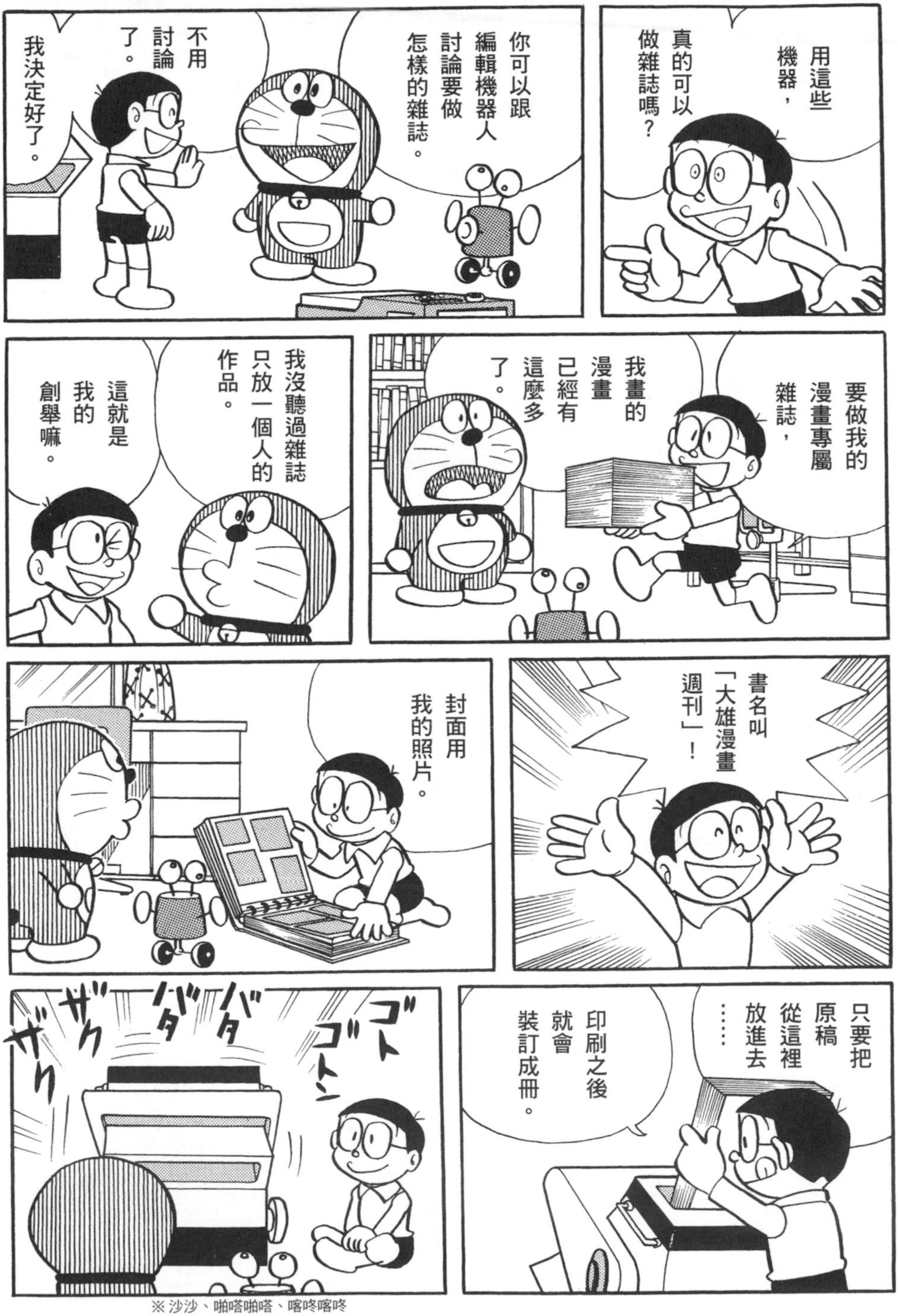

用這些機器，真的可以做雜誌嗎？
你可以跟編輯機器人討論要做怎樣的雜誌。
不用討論了。
我決定好了。
要做我的漫畫專屬雜誌，
我畫的漫畫已經有這麼多了。
我沒聽過雜誌只放一個人的作品。
這就是我的創舉嘛。
書名叫「大雄漫畫週刊」！
封面用我的照片。
只要把原稿從這裡放進去……
印刷之後就會裝訂成冊。
ゴト
ゴトン
バタ
バタ
ザク
ザリ

※沙沙、啪嗒啪嗒、喀咚喀咚

※啪嗒
バサ
完成！
創刊號
※喀咚喀咚
ゴトン
ゴトン
一直不停的印出來。
這本雜誌要拿到全國的書店去賣。
馬上就這麼做是不行的，要先請周遭的朋友看看。
用「遠照鏡」打廣告。
新雜誌上市囉。
有很多有趣的漫畫喔！

萬能工作體驗箱Q&A

Q 人工智慧（AI）的研究是從大約何時開始的？①一九五〇年 ②一九七〇年 ③一九九〇年

A ①大約一九五〇年。一九五六年，在美國舉辦的「達特茅斯夏季人工智慧研究計畫」會議上，首次出現「人工智慧」一詞。

我就說吧！要先跟「編輯機器人」商量。
製作一本暢銷雜誌，要先了解讀者的需求。
怎樣才能知道呢？
大雄漫畫週刊讀者問卷
姓名
喜歡的漫畫家
其他希望刊載內容
對本雜誌的希望
它說要去作問卷調查。
好像收集好了。
先統計「喜歡的漫畫家」。
大致上都是一些受歡迎的人氣漫畫家。
手塚治蟲、鳥山明、松本零士、千葉徹彌……
等、等一下！
這些有名的漫畫家怎麼可能幫我們畫？
放心，沒問題！

萬能工作體驗箱Q&A

Q 使用最多產業機器人的國家是下列哪一國？①日本 ②美國 ③中國

A
③中國。根據二〇一八年底的統計數據，中國約有六十五萬個機器人在線上工作。日本約三十二萬個，位居世界第二。

※嗡嗡

※咚咚

萬能工作體驗箱Q&A

Q 在日本，以下哪一個是與電腦有關的證照？①TOEIC ②GTEC ③IT護照

賣完了！
週刊上刊登的是我相當有自信的作品。
讀者回函收集完畢。
我的漫畫評價如何？
非常棒的雜誌，如果沒有大雄的漫畫會更棒！
我會繼續支持，可是要停止連載大雄的漫畫!!
拜託把大雄的漫畫拿掉好嗎？
我不幹了！不辦雜誌了啦！

A ③ IT護照。這是日本政府的國家考試，目的是證明受試者具有資訊科技相關的基礎知識。今後需要更多的資訊科技人才。

只要被機器人誇獎……

我的叔叔是……
美術評論家。
叔叔的評論相當有公信力。
這沒什麼。
請叔叔看看大家畫的畫吧！
請多多指教。
顏色搭配的不錯。
構圖再仔細一點會更好。
有一點太雜亂了。
如果統一主題好好畫會更好。
！
嘿嘿……我畫得不太好。
嗯……
雖然稱不上是好畫……但有讓人眼睛一亮的感覺。

萬能工作體驗箱Q&A

Q 在日本，從事宇宙研究與開發的國家機構是下列哪一個？①NASA ②JAXA ③ESA

A ② JAXA。正式名稱為宇宙航空研究開發機構。在日本想當太空人，必須通過JAXA的太空人選拔考試。

「評論機器人」。
只要機器人稱讚你，大家也一定都會稱讚你。
真的會那麼順利嗎？
來實驗看看吧！
盡可能畫醜一點。
這樣夠醜了。
咦？
要我看你的畫，然後發表感想是嗎？
還是算了吧！
我可不想說謊，如果說實話又怕會傷了你的心。
沒關係，妳就試試看吧！
讓媽媽看畫的同時，要按下按鈕喔！
按下

萬能工作體驗箱Q&A

Q 在二〇一六年舉行的「世界無人機競速大賽」獲勝的飛手，當時幾歲？

①15 ②20 ③25

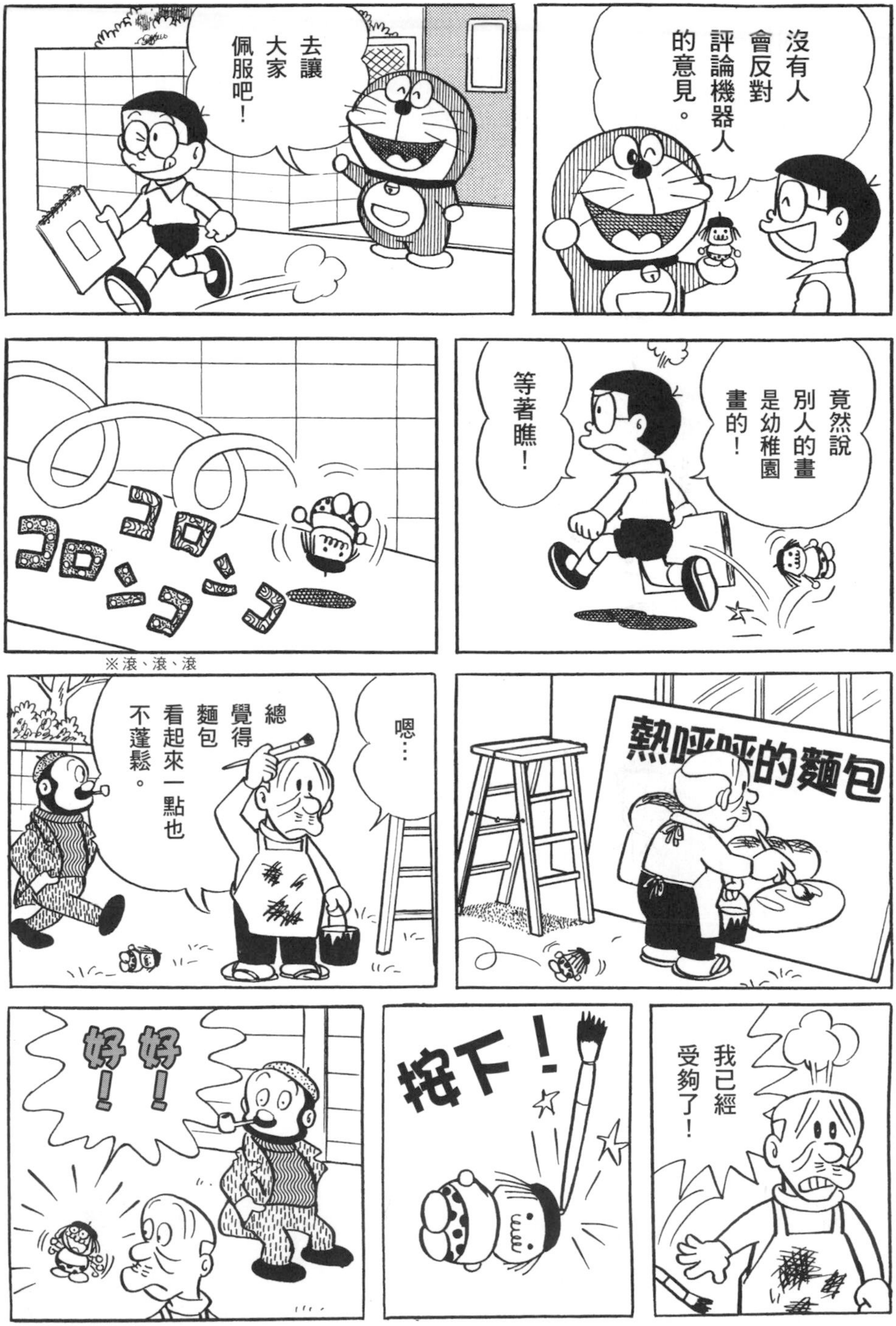
沒有人會反對評論機器人的意見。
去讓大家佩服吧！
竟然說別人的畫是幼稚園畫的！
等著瞧！
コロコロコロコロ
※滾、滾、滾
熱呼呼的麵包
嗯……
總覺得麵包看起來一點也不蓬鬆。
我已經受夠了！
插下！
好好！！

A

① 15歲。全球最大規模的「世界無人機競速大賽」總獎金高達一億日圓，獲勝的是當時年僅15歲的英國少年。

真的嗎？你又畫了一幅畫。
讓我們看看，好好笑一下。
馬上讓你看，可別嚇一跳喔！
咦……
咦？
機器人到哪去了？
哇！怎麼可以自己拿去看啊！
一定是掉在哪裡了。
哇啊！我真是太感動了！這才是真的藝術!!蒙娜麗莎根本比不上嘛!!
熱呼呼
不要站在這裡！一個人只能看三分鐘。

第7章　持續進化的人工智慧

為什麼工作越來越機械化？

連家事都有機器代勞

誠如前文所說，包含工作在內，所有生活上必須做的事，一開始都要由人類靠自己的雙手完成，後來發現用機器取代不僅能提升效率又非常方便，之後就全部改用機器了。

以洗衣服為例，以前要以手用洗衣板洗衣服，但現在幾乎都是用洗衣機洗了。打掃也是一樣，越來越多家庭利用掃地機器人清潔地板，掃地機器人可以自動避開家裡的牆壁和物品，十分方便。

▲最新的智慧冰箱除了保存食物之外，還有許多功能喔！

iStock.com/metamorworks

不僅如此，在第一三四頁也提過，只要善用物聯網，發出「打掃」、「洗衣服」等指令就能啟動家電，不在家也能遠距遙控。現代科技真的是太先進、太方便了。

隨著科技進步 購物變得簡單又方便

買東西的時候又有什麼變化呢？一般來說，結帳時都是顧客將商品拿到櫃檯，由店員刷條碼，收銀機就會自動算出應支付的價格。不過，過去在機器尚未發明之前，是由店員查看商品上的標價，或靠記憶想起商品價格，再

▲善用掃碼支付功能，只要拿出手機掃一下就能完成購物。

iStock.com/AsiaVision

靠心算或算盤計算總價。

付款方式也有不同的改變，過去都只能用現金結帳，如今可以用信用卡、悠遊卡、一卡通、QR Code（如 Linepay、街口支付）等電子支付系統，付款方式相當多元。隨著支付方法的進化，越來越多人使用自助結帳，更有越來越多廠商開設了無人商店。

不僅如此，近年來沒有收銀櫃檯的商店逐漸在美國與中國普及。這些商店建立了一套系統，可以監控店內的動向，當顧客將商品帶出，通過出口閘門時，系統就會自動結帳，之後再透過網路付款就可以了。

永遠不會累的機器可以持續工作

話說回來，為什麼使用機械和機器人可以提高工作效率呢？

第一個原因是機器不會累。人類工作一段時間就會覺得累，一定要休息，也需要時間吃飯睡覺，身體不健康就無法工作。可是，機器只要有動力就能一直工作，不需休息。

第二個原因是機器沒有情緒，不會說出「我不想工作」、「工作好無聊」這類的抱怨，也不會有「今天狀況不佳，工作進度落後」這種情形發生。只要事先設定好程式，除非遇到故障的狀況，否則機器一定會按照計畫完成工作，還能持續一整天不需要休息的不斷工作。

▲機器的優勢之一就是不會累，這一點與人類不同。

機器堅固耐用又能從事精密作業

機器還有一個特色，就是力氣很大。專為搬運重物設計的機器，可以輕鬆搬運好幾個人也搬不動的重物。機器還能待在不適合人類的危險地方，或是在人體無法承受的嚴酷環境工作。

機器除了堅固耐用之外，還能正確執行人類雙手無法完成、極度細微的精密作業。無論做任何事，人類難免都會出錯，各位寫字或算數時都應該曾寫錯或算錯，這是無可避免的情形。但是機器不會做程式中沒有的事情，基本上，它只會執行程式要它做的事，而且絕不出錯。更棒的是，即使長時間工作也不會降低精準度，這一點真的很厲害。

▲機器可以搬運很重的物品，讓機器去做搬運的工作，就無須擔心受傷的問題。

機器最適合投入食品與機械這類大量生產的製造業

綜合上述原因，工廠導入機械化的最大優點，就是可以精準算出能持續生產多少商品。加上機械的用途可以分得很細，能夠重複完成簡單的作業，有助於提升生產效率。

由於這個緣故，生產機器特別適合運用在製造加工食品、精密機器與相關零件等這些大家平時常吃的食品、常用的物品，以及需求量很大的商品。

此外，讓機器取代人類的工作，就可以有效解決第一二三頁提及的「過勞問題」。將工作交給機器去做的好處還有非常多，各位不妨試著找出實際的案例，仔細思考看看。

知識小專欄

你知道零食和點心是怎麼製造出來的嗎？

各位看過工廠是如何製造出零食和點心的嗎？各司其職的機器攪拌大量原料，製作麵團、整形、調理，最後裝袋與裝箱。重點是製作速度很快，一天可以做出好幾萬個。看完製造過程不只能知道自己每天吃的食品是如何製造出來的，還會感受到製造食品真的是一件相當辛苦的事情，令人敬佩。除了零食點心之外，還有許多廠商都成立了觀光工廠，各位不妨多去看看，了解各種商品的製造過程，親自體驗製作方法。

iStock.com/jordachelr

電腦比人腦「聰明」？

人工智慧的性能蓬勃發展，機器能做的工作越來越多

確實完成簡單作業是生產機器原本就擅長的工作，但這幾年生產機器開始跨足不同領域。原因在於機器的運作機制變得更聰明，可以完成較複雜的工作。

機器之所以變聰明，關鍵就在人工智慧（AI）的性能越來越強。人工智慧相當於電腦的大腦，讓電腦聰明的執行作業，就像人類用大腦思考後再去做事一樣，這就是人工智慧的技術。

英文「smart」代表聰明、智慧的意思，因此這字廣泛被運用在smart phone、smart 家電、smart 化等用語中，在台灣也取其意思，以智慧型手機、智慧家電、智慧化等稱之。

▲未來掃地機器人或許也能因應房間環境，自行思考出收拾雜物與整理清潔的最佳方法！

智慧家電與機器人都是靠人工智慧運作

電腦中性能最高、計算速度最快的就屬「超級電腦」了。二〇一九年，速度最快的超級電腦，每一秒可以計算超過十四京次（京是一兆的一萬倍、一億的一億倍）。

人工智慧是運作超高速計算機的程式之一，掃地機器人等智慧家電，以及街上常見的機器人都越來越方便好用，也全拜人工智慧所賜。

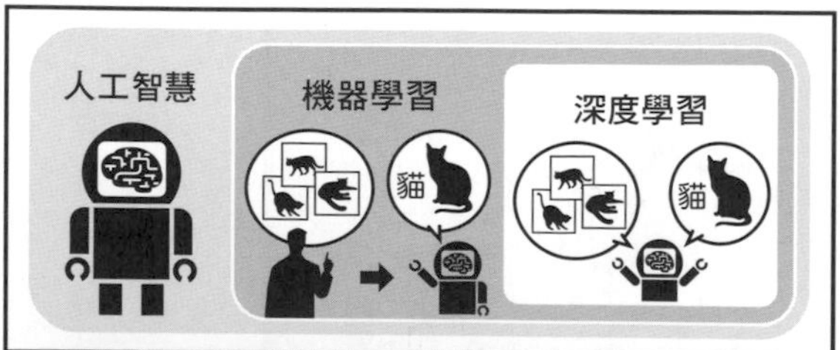

▲機器學習指的是根據人類交付的資訊重複學習，自動找出法則與規則的程式。深度學習是比機器學習更進步的技術，可以完成高難度的辨識與判別。

基本上人工智慧會根據圖片、聲音、數值等資訊學習，資訊量越多，性能就越高。此外，「深度學習」是一種會自行尋找數據特性主動學習的人工智慧，可以辨識人臉，進行更複雜的思考。

在需要複雜思考的場合，智慧並不輸給人類

為了驗證人工智慧有多聰明並提升性能，從研究開始的時候，研發人員便利用將棋、圍棋與西洋棋等需要複雜思考的棋盤遊戲，讓人工智慧與人類對戰，以提升人工智慧的大腦運算能力。過去的人工智慧無法與最頂尖的棋士相比，如今卻已經到了不會輸給人類的程度。

日本也有職業將棋棋士與電腦對戰的比賽。在二〇一七年的官方大賽中，電腦軟體「Ponanza」擊敗了當時的現役名人（將棋最高段位之一），引起媒體大篇幅報導。人工智慧就是像這樣以超乎想像的速度，持續進化。

▲職業棋士與電腦將棋軟體對戰的「將棋電王戰」。

影像提供／共同通信社

而隨著人工智慧急速進化，今後人類的工作將會更快且更廣泛的被機器取代。工作型態隨之進化後，第一三九頁介紹的新工作想必也會出現。話說回來，具體有可能出現什麼樣的變化呢？關於這一點，將於下一頁和第八章做詳細說明。

知識小專欄

計算圓周率世界第一的日本工程師

大家應該在數學課學過求圓的周長和直徑的圓周率，小學學的圓周率是 3.14，事實上，圓周率是小數點以下無限循環、除不盡的數字。即使經過幾千年後，其正確數字全世界仍在計算中。截至 2020 年 4 月，世界紀錄是到小數點以下 31 兆 4159 億 2653 萬 5897 位數。這項紀錄是由一位在美國谷歌工作、來自日本的女性工程師以電腦計算出來的。她是在 2019 年的圓周率日，也就是 3 月 14 日發表，並且經過金氏世界紀錄認證。

活躍於各種場合的機器人

善用人工智慧 讓人類生活更豐富

現在許多商店、車站、醫院、銀行等機構都配備了像 Pepper 這類可以理解人類的話並和人類對話的機器人。各位有看過或和它們互動過嗎？基本上，機器與機器人存在的目的是讓人類的生活更便利、更豐富。人工智慧是運作機器與機器人的大腦，近年來人工智慧的性能提升了，運用在各種工作之中。

以無人駕駛技術為例，雖然說相關的技術仍處於研究開發階段，但只要確認安全無虞，可以實用化之後，就能更快的運送更多貨物，也能降低發生事故的機率。未來，卡車、巴士、計程車等駕駛的工作可能也會產生變化。

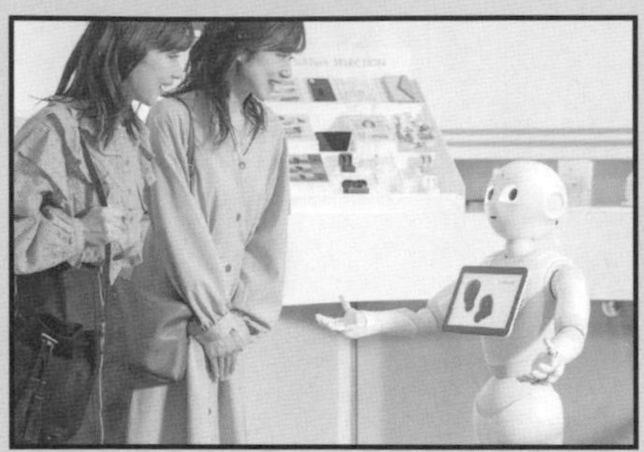

▲可以辨識人類情感的機器人「Pepper」。

影像提供／軟銀機器人公司

未來可望投入 醫療與照護的第一線

如今，人工智慧已經運用在醫療、照護、社會福利等等與救援協助有關的工作之中，未來將會有更加深入的結合。

舉例來說，如果能開發出主動結合醫療相關數據與實例、從中學習並進化的人工智慧，就能依照現場狀況做出最好的判斷，更安全迅速的完成手術。不僅如此，還能更快發現病灶，進而拯救更多人。醫師的工作型態也可能因此改變。

▲ NEC 推出的居家照護機器人「PaPeRo」，幫忙照顧家中長輩。

影像提供／NEC

此外，若能讓照護老人系統或可以協助處理生活和聊天的機器人更加普及，就能讓長輩和其他家人過得更舒適，也有助於解決照護人員不足的問題。

雖然相關技術還有許多問題要解決，但十分期待實用化的日子到來。

人工智慧與人類的技術也能運用在太空開發上

宇宙開發是機器人在未來發揮所長的舞台。日本在二〇〇三年發射的小行星探測器「隼鳥號」，在大約兩年後抵達了距離地球十分遙遠的小行星「糸川」。觀測糸川的地表後，隼鳥號採集表面的沙土裝進回收艙中，成功帶回地球，轟動全世界。這是一趟長達七年，全程大約六十億公里的漫長旅程。

▲小行星探測器「隼鳥」。

影像提供／JAXA

順帶一提，負責裝載小行星地表樣本的回收艙樣本，是由位於東京下町的小型在地工廠製作的。雖然日本的太空開發技術與人工智慧性能獨步全球，但無論在任何時代都能發光發熱，打造精密製品的手工技術更是令人敬佩。

隼鳥號的下一代「隼鳥二號」在二〇一四年前往外太空，完成小行星「龍宮」的調查，於二〇二〇年十二月六日返回地球。

機器人的未來發展將會如何？有機器人的生活真是太方便了，照這樣發展下去，未來會不會什麼事都交給機器人去做？讓我們在第八章繼續思考這個課題。

知識小專欄　機器人考得上東京大學嗎？

人工智慧到底有多聰明？為了驗證這一點，2011 年，日本的國立情報學研究所主持了一項實驗計畫，讓人工智慧參加日本最難考的東京大學入學考試，看它能不能通過考試。研究開發出的人工智慧程式取名為「小東君」。直至 2016 年為止，小東君參加大考中心的考試都獲得高分。小東君在考進東大的實驗計畫中創造的成果，有助於開發其他的人工智慧，也能運用在教育領域中。

人生重來機

哇，你家小孩好聰明喔。
我會寫字喔～～
※敏雄
雖然只會寫自己的名字。
哇啊！
好聰明的孩子啊
……
才剛滿四歲吧！
我會寫漢字喔。
點心三個，吃掉一個變兩個。
哇，還會算數！
13加26是多少？
我會喔，答案是39。
你到那邊去。

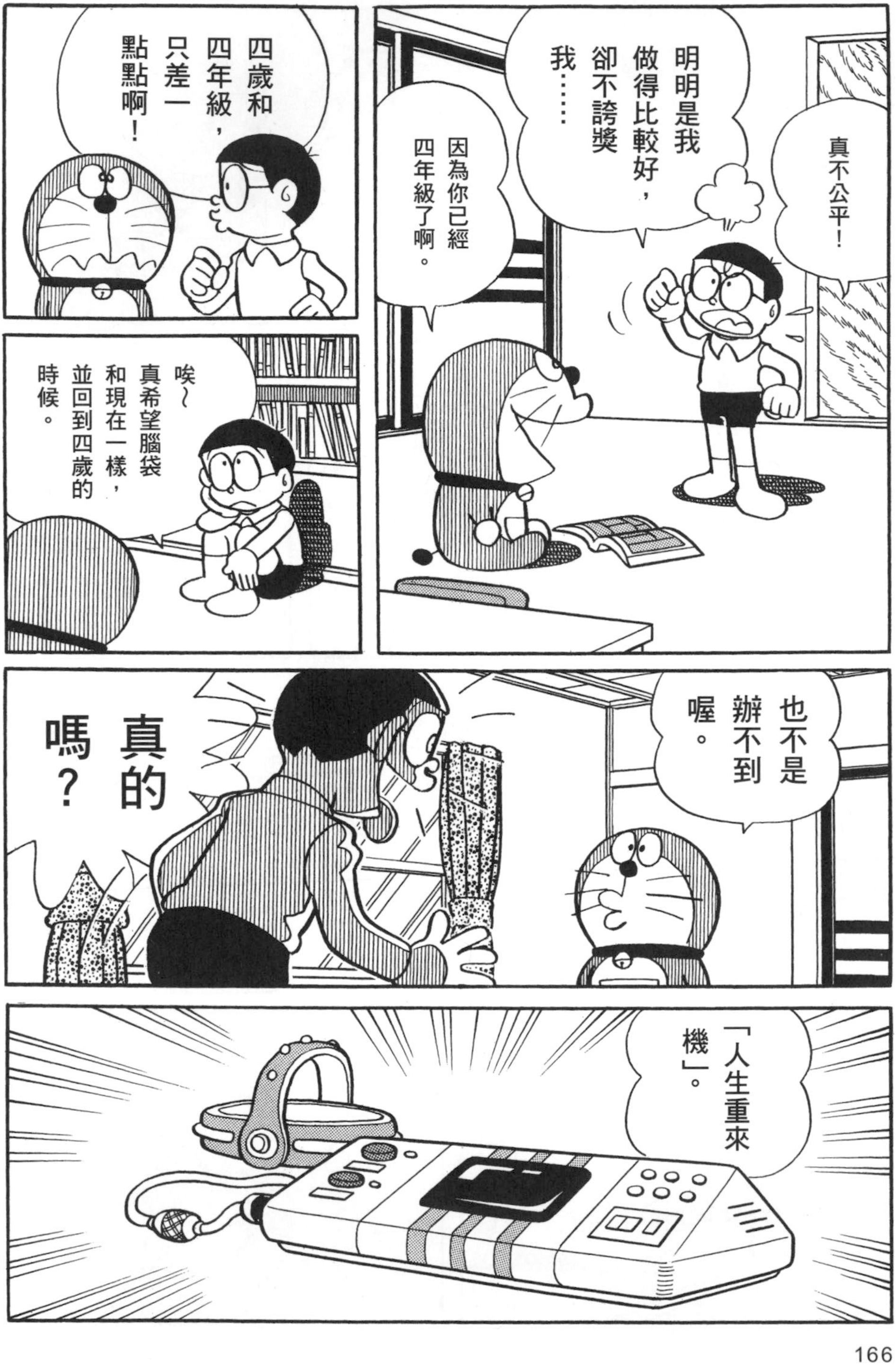
真不公平！
明明是我做得比較好，卻不誇獎我……
因為你已經四年級了啊。
四歲和四年級，只差一點點啊！
唉～真希望腦袋和現在一樣，並回到四歲的時候。
也不是辦不到喔。
真的嗎？
「人生重來機」。

萬能工作體驗箱Q&A

Q 日本第一個成立職業聯盟的運動項目是哪一個？①棒球 ②足球 ③橄欖球

A ①棒球。二次世界大戰之前的一九三六年，由七個球團成立了日本職業棒球聯盟，日本的職業棒球擁有八十年以上的歷史。

沒有戴眼鏡……
變回四歲了。
這裡是哪裡？
我又在做什麼？
對了，這是附近的木材堆置場。
我想起來了。
以前常在這裡玩呢。
真令人懷念。

萬能工作體驗箱Q&A

Q 有職業足球聯盟的國家大約有幾國？①二十國 ②五十國 ③八十國

A ③八十國。全世界有超過兩百個足球聯盟，其中有職業足球聯盟的國家大約有八十多國，許多日本足球選手活躍於全世界。

萬能工作體驗箱Q&A

Q 十九世紀被譽為「克里米亞天使」的護士是哪一位？①聖女貞德 ②居禮夫人 ③南丁格爾

A ③南丁格爾。因為救治了許多在克里米亞戰爭中受傷的士兵而有了這個稱號，他也是建立現代護理師職業基礎的護士。

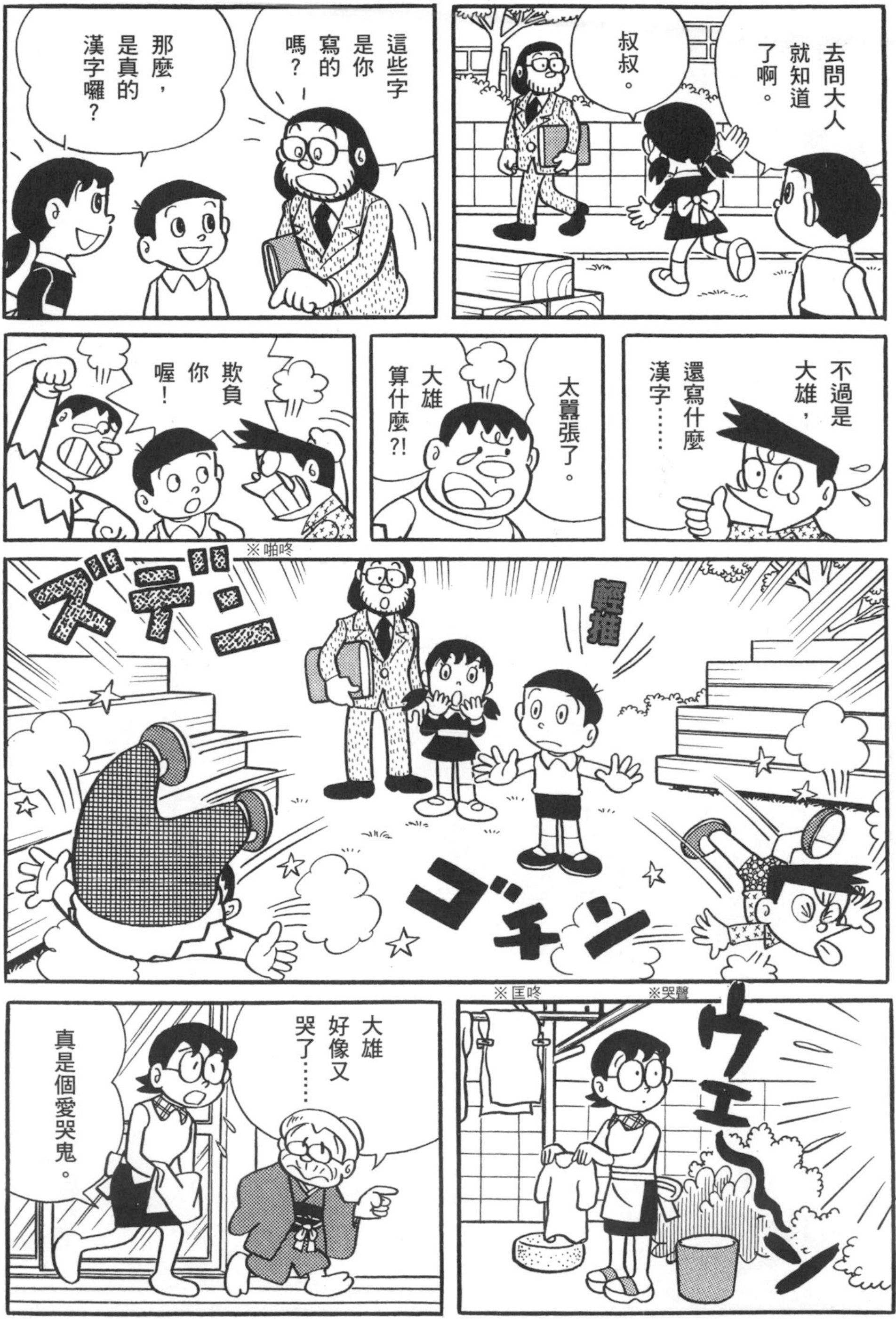

Q 孩子一出生就能托育的機構是下列哪一個？①幼稚園 ②托兒所 ③小學

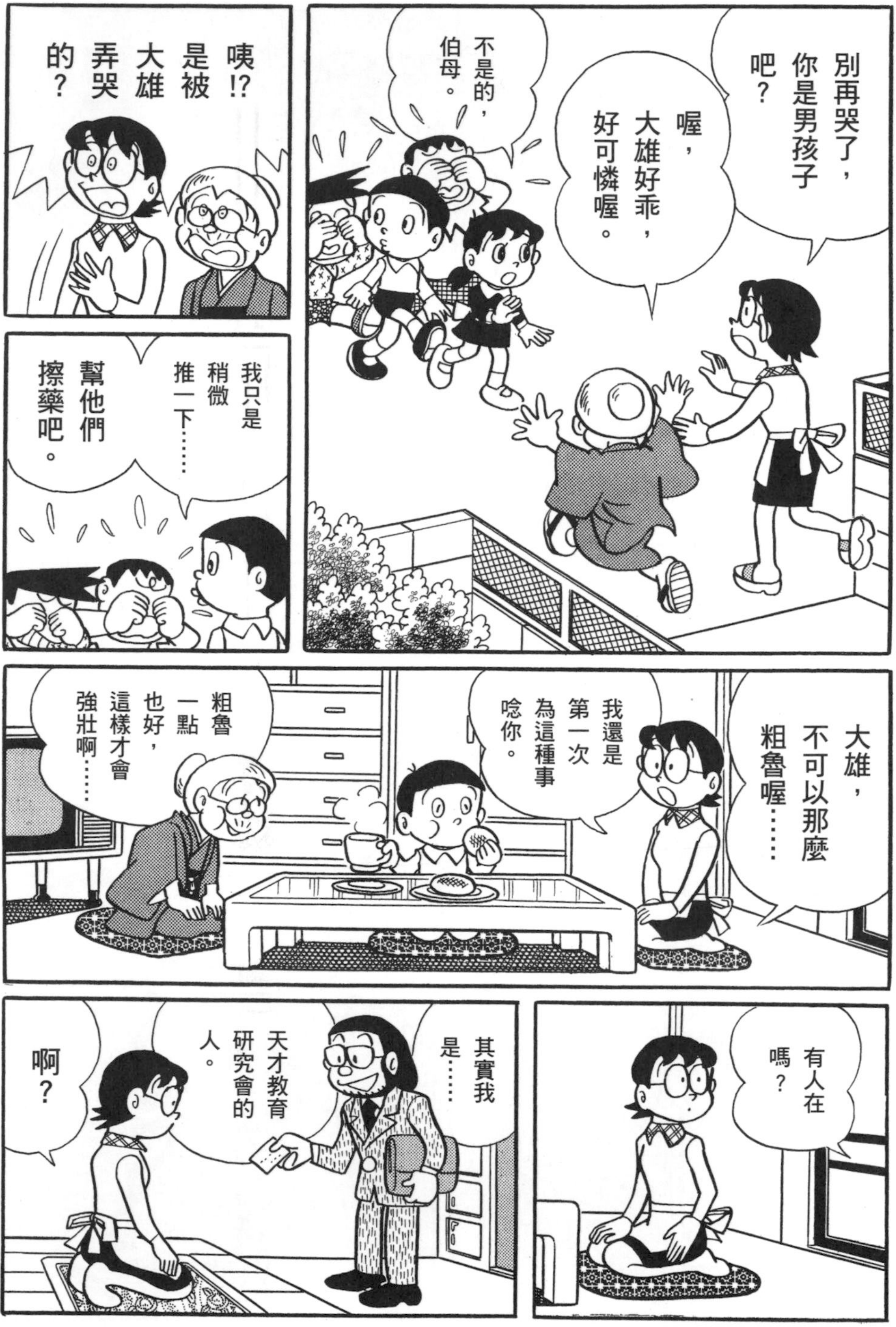
別再哭了，你是男孩子吧？
喔，大雄好乖，好可憐喔。
不是的，伯母。
咦!?是被大雄弄哭的？
我只是稍微推一下……幫他們擦藥吧。
大雄，不可以那麼粗魯喔……
我還是第一次為這種事唸你。
粗魯一點也好，這樣才會強壯啊……
有人在嗎？
其實我是……
天才教育研究會的人。
啊？

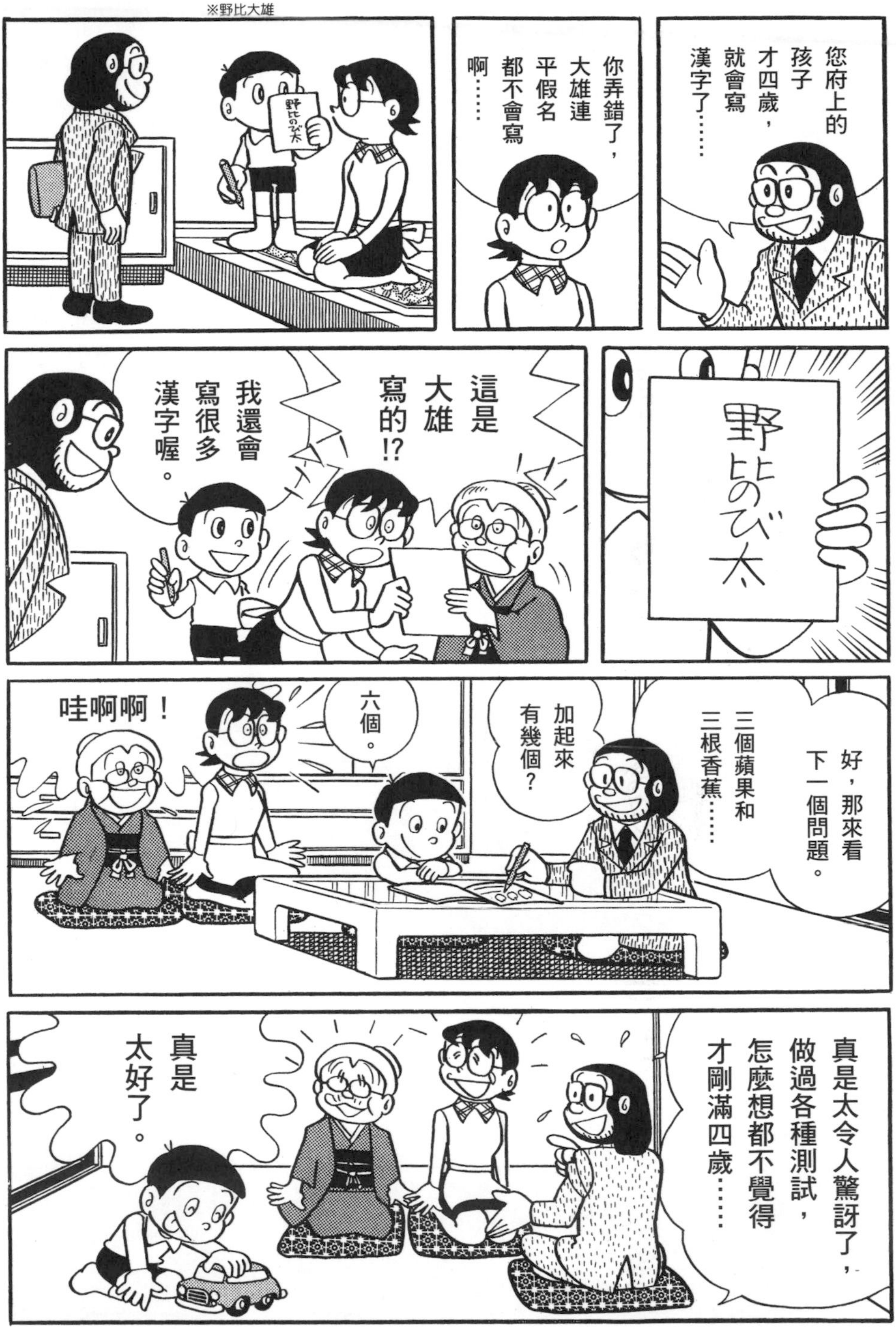

A ②托兒所。成為教保員必須修畢相關課程並取得證書，想當幼稚園老師必須通過幼教老師檢定，須符合各自的必要條件。

Q 想成為飛行員，必須符合視力條件。這是真的嗎？

無論體力或智能都有小學生的程度。
※摔
カクン
是小學二年級的水準。
其實是四年級啊……
咦？真的嗎!?
有做過測驗啊，人家說他是天才呢。
真要感謝上天啊，南無阿彌陀佛，南無阿彌陀佛。
這樣下去，肯定能進東大。
東大算什麼，他一定會成為有名的學者。
謝天謝地啊。

A 真的。由於可以戴眼鏡，因此全日空規定機師兩眼視力必須超過零點七，日本航空規定兩眼視力必須超過一點零。

ムクッ
※坐起
要尿尿嗎？
嗯。
自己一人去嗎？
了不起的孩子，能幹又可靠。
早點這樣就好了。
バタ
※開門
哇——鬼啊！
ヌッ
※出現
噓~是我啦。
是我啦。
原來是哆啦A夢啊。
你滿足了吧？
那就回去吧。

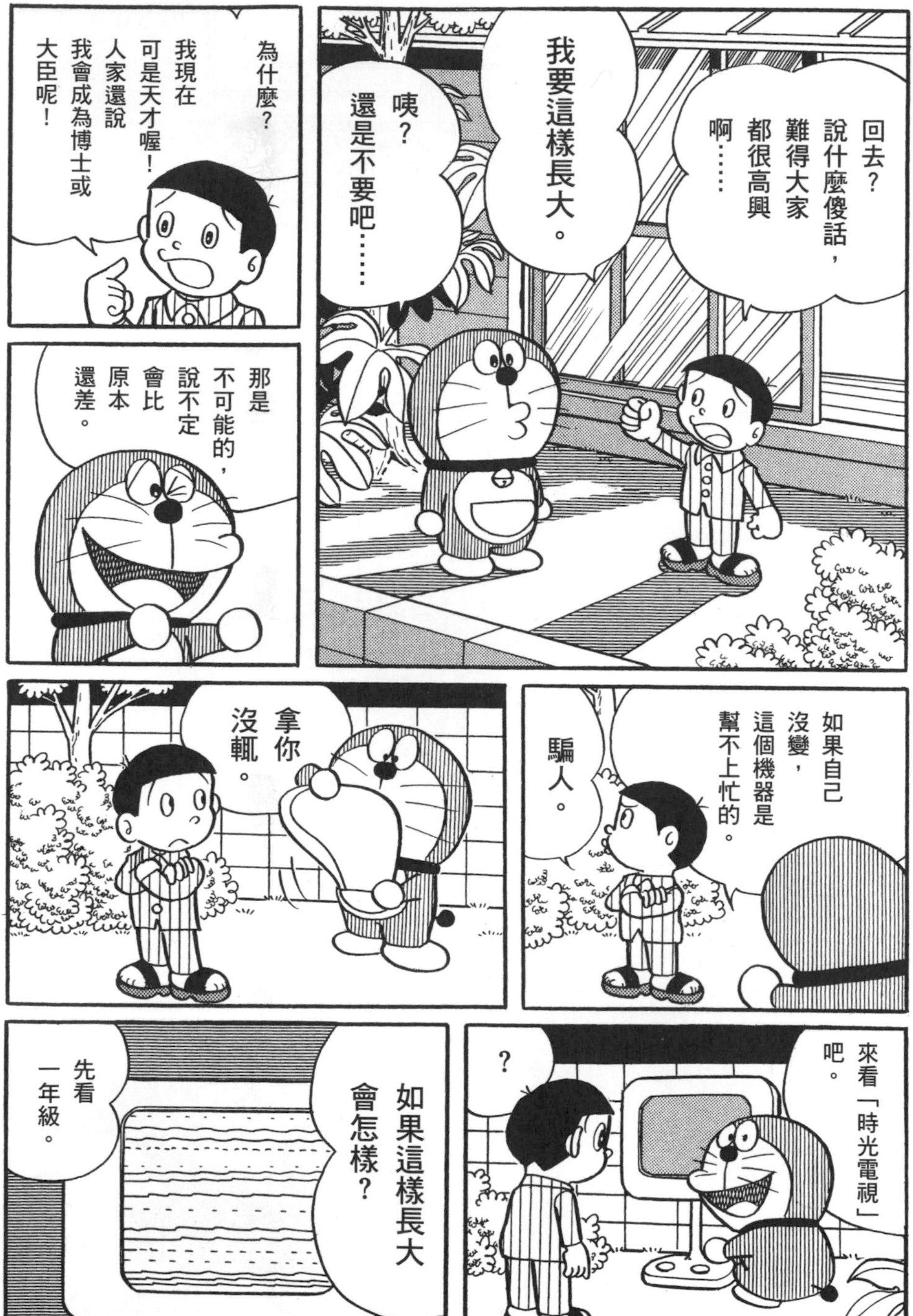

回去？說什麼傻話，難得大家都很高興啊……
我要這樣長大。
咦？還是不要吧……
為什麼？我現在可是天才喔！人家還說我會成為博士或大臣呢！
那是不可能的，說不定會比原本還差。
如果自己沒變，這個機器是幫不上忙的。
騙人。
拿你沒輒。
來看「時光電視」吧。
？
如果這樣長大會怎樣？
先看一年級。

萬能工作體驗箱Q&A

Q 大學醫學系畢業並取得醫師執照，就能在動物醫院當獸醫。這是真的嗎？

A 假的。想成為獸醫師（專門醫治動物的醫師），必須大學獸醫系畢業，並通過獸醫師國家考試。

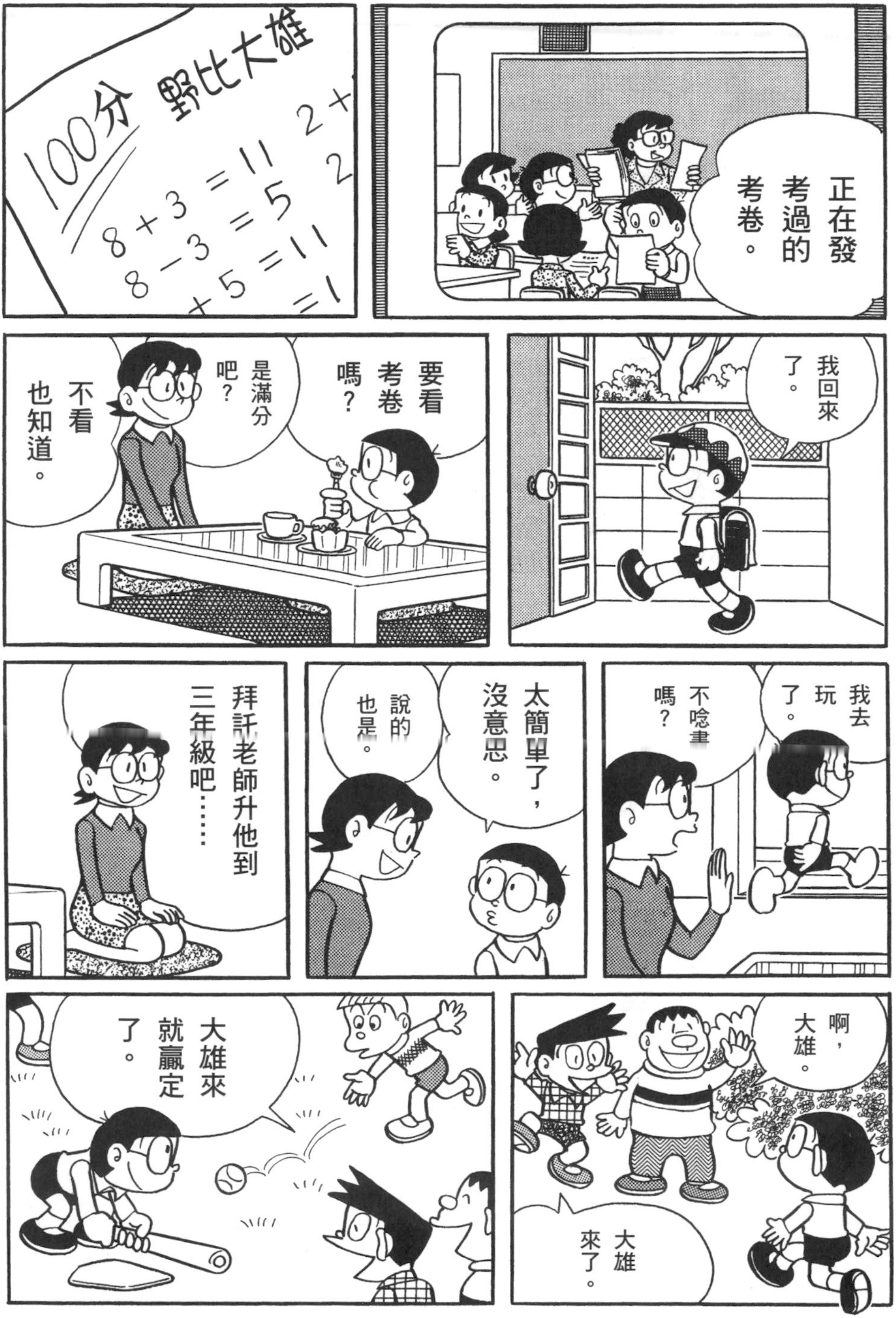

類。不過，人工智慧無法理解將棋與西洋棋為何有趣，當然也無法開發出讓人類著迷的新遊戲。事實上，需要有創造力的遊戲設計師、電影導演、音樂家、設計師、藝術總監、劇作家等，都是人工智慧極難取代的職業。

▲拍出令人感動的電影也是現階段人工智慧做不到的工作。

找出未來的夢想 思考自己想做什麼吧！

各位在閱讀本書的時候，是否有一邊讀一邊思考將來想做什麼工作呢？如果你有找到想做的事情，也可以想想要做哪些準備才能實現夢想，並了解該具備哪些能力，好好學習。

不過，如果你還不知道自己想做什麼，也不用急著做決定。人無法預測什麼時候會遇到自己的夢想，再說，如果你還不能想像自己的未來，不妨先思考自己喜歡什麼、有什麼興趣，以及自己擅長的事情吧！接著，再由此找出自己適合哪一項工作。

不僅如此，也可以想想一路走來，別人最常感謝自己的是哪一點，這件事也很重要。所有職業都是為了幫助別人，讓別人幸福。能得到別人感謝的個人特質，未來就很可能發展成自己想從事的工作。

如果目前這個世界上沒有自己想做的事，不妨發揮創造力，開創新的工作。未來社會的人工智慧將有進一步發展，這也是人類得以發揮特有能力的機會。

▲各位不妨參考本書，好好思考自己想做的事。

可以體驗各種職業的地方

日本全國各地都有專為兒童開設的職業體驗機構，為各位介紹幾個主要設施。

●趣志家（KidZania ／東京、兵庫）→這是孩子們可以體驗工作，學習社會體制的職業與社會體驗機構。可以體驗的工作與服務大約有一百種！機構裡的街景是按照六成兒童的身材訂製，孩子們可以像大人一樣從事各種工作，使用專用貨幣「趣志幣」（KISO）。孩子們可以使用趣志幣購物，享受服務，目前已進駐全球 20 多個國家，日本共有兩處，分別在東京都的豐洲與兵庫縣的甲子園。
http://www.kidzania.jp/

● Kandu（千葉）→位於千葉縣幕張新都心永旺夢樂城，祖孫三代都能同樂的主題公園。遊客可在中間的餐廳休息，並在四周的小場館體驗飛行員、警察、牙醫、模特兒、YouTuber 等大約 30 種職業。
http://www.kandu.co.jp/

●大阪兒童樂園（Kids Plaza Osaka ／大阪）→ 1997 年開幕，專為兒童成立的博物館。範圍涵蓋自然、科學、社會、電腦等各種領域，孩子們可以透過參與大型展示品、手作體驗和實驗，寓教於樂。
http://www.kidsplaza.or.jp/

● New Reoma World 主題樂園（香川）→可以體驗派出所、消防隊、醫院、銀行、郵局、超商、蛋糕店等，共 19 種工作的主題公園。可以體驗真正的收銀工作，還能租借真正的制服穿著。
http://www.newreomaworld.com/asobu-sub/gokcotown/

●NHK大阪廣播局BK Plaza（大阪）、NHK名古屋廣播局心動廣播體驗工作室（愛知）→ NHK 提供的體驗型主題公園。孩子可以在此體驗新聞主播與記者的工作，唸出新聞稿、採訪嘉賓。
http://www.nhk.or.jp/osaka/bkplaza/
http://www.nhk.or.jp/nagoya/station_info/kengaku_detail/index.html

●鐵道博物館（埼玉）、京都鐵道博物館（京都）→與鐵路有關的歷史博物館，可以體驗鐵路司機與車掌等工作。
http://www.railway-museum.jp/
http://www.kyotorailwaymuseum.jp/

●愛知航空博物館（愛知）→位於縣營名古屋機場內的航空博物館，可以體驗飛行員與飛機維修機械師等工作。
http://aichi-mof.com/

其他包括 CoCo 壹番屋、肯德基炸雞、達美樂披薩、麥當勞、Mister Donut 等餐廳，在各地都有推出職場體驗活動。此外，警察署、消防署、鐵路公司等也有類似的體驗活動。
本頁介紹的只是其中一小部分，日本各地都有各式各樣、規模大小各異的職業體驗活動，不妨找出自己感興趣的活動，和家人一起去吧！

※ 關於營業狀況和活動實施詳情，請參閱各機關行號的官方網站。

大分類	中分類	小分類
服務職	家庭生活支援服務職	家政婦（夫）、家事幫手／其他家庭生活支援服務職
	照護服務職	設施照護員／居家照護員
	保健醫療服務職	助理護理師／牙醫助理／其他保健醫療服務職
	生活衛生服務職	理容師／美髮師／美容服務職／浴場從業人員／清潔人員等
	飲食調理職	廚師／酒保
	待客職、服務生	餐飲店老闆、店長／旅館、飯店經理／餐飲服務人員／旅館、飯店、汽車接待員／招待社交人員、表演人員、舞者／娛樂場所等領班／其他待客職、服務生
	居住設施、大樓等管理職	大樓、公寓、租屋管理人／寄宿處、宿舍管理人／大樓管理人／停車場、自行車停放場管理人
	其他服務職	導遊、領隊、導覽人員／物品借貸人／廣告宣傳／禮儀師、火葬相關人員／寵物美容師等
保安職	自衛官	自衛官
	司法警察職員	警察／海上保安官／其他司法警察職員
	其他保安職	看守人員／消防員／警備員／其他未分類的保安職
農林漁業職	農業職	農耕作業員／畜產作業員／植木職、園藝師／其他農業職
	林業職	育林作業員／伐木、造材、集材作業員／其他林業職
	漁業職	漁撈作業員／漁撈船的船長、航海士、機關長、機關士／水產養殖作業員等
生產工程職	生產設備控制、監視職	金屬工作設備控制、監視員／金屬熔接、熔斷設備控制、監視員等
	生產設備控制、監視職	化學製品生產設備控制、監視員／食品生產設備控制、監視員等
	生產設備控制、監視職（機械組裝）	一般機械器具組裝設備控制、監視員／電力機械器具組裝設備控制、監視員／汽車組裝設備控制、監視員／計量計測機器、光學機械器具組裝設備控制、監視員等
	金屬材料製造、金屬加工、金屬熔接、熔斷職	製銑工、製鋼工／非鐵金屬製錬工／鑄物製造工／鍛造工／鐵工、製罐工／板金工／鍍工、金屬研磨工／釘子、彈簧、金屬線製品製造工／金屬製品製造工／金屬熔接、熔斷工等
	產品製造、加工處理職（金屬材料製造、金屬加工、金屬熔接、熔斷除外）	化學製品製造工／精穀、製粉、調味食品製造工／麵類製造工／麵包、甜點製造工／鮮乳、乳製品製造工／肉類加工品製造工／水產加工／保存食品、冷凍加工食品製造工／衣服、纖維製品製造工／木製品製造工／木漿、紙、紙製品製造工／印刷、製書作業員等
	機械組裝職	一般機械器具組裝工／電力機械組裝工／電力通訊機械器具組裝工／半導體製品製造工／電燈、真空管組裝工／乾電池、蓄電池製造工／汽車組裝工等
	機械整備、修理職	一般機械器具修理工／電力機械器具修理工／汽車整備工等
	產品檢查職	金屬材料檢查工／金屬加工、熔接檢查工
	產品檢查職	化學製品檢查工／食品檢查工／木製製品、木漿、紙、紙製品檢查工等
	機械檢查職	一般機械器具檢查工／電力機械器具檢查工／汽車檢查工等
	生產相關、類生產職	塗裝工／畫工、看板製作工／製圖工／樣板師／其他生產相關、類生產職
運送、機械運轉職	鐵路司機職	電車司機／其他鐵路司機職
	汽車司機職	公車司機／載客汽車司機／貨車司機／其他汽車司機職
	船舶、飛機駕駛職	船長／航海士、運航士、引水人／船舶機關長、機關士／飛機機師
	其他運輸職	車掌／站內服務人員／甲板員、船舶機關員／起重機操作員等
	定置、建設機械運轉職	發電員、變電員／建設機械運轉工／吊掛作業員／大樓設備管理員等
建設、開採挖掘職	建築物主體工程職	模板工／鳶工／鋼筋工
	建設職	木工／砌石工、磁磚工／屋頂工／水泥工／榻榻米師傅／配管工／裝潢工／防水工等
	電力工程職	送電線架線、鋪設作業員／電力通訊設備作業員／電力工程作業員等
	土木工程職	木工作業員／鐵道線路工程作業員／水壩、隧道挖掘作業員
	開採挖掘職	採礦員／石材切割作業員／礫石、砂石、黏土採取作業員／其他開採挖掘職
搬運、清掃、包裝等職	搬運職	郵件集配員、電報配送員／港灣貨物作業員／陸地貨物、搬運作業員／倉庫作業員／配送員等
	清掃職	大樓、建築物清掃員／房屋清潔作業員／道路、公園清掃員／垃圾收集、水肥作業員／產業廢棄物收集作業員／其他清掃職
	包裝職	製品包裝作業員／其他包裝職
	其他搬運、清掃、包裝等職	選別作業員／輕作業員／其他未分類的搬運、清掃、包裝等職

※ 資料來源：日本厚生勞動省「職業情報提供網站」的職業分類一覽表。部分內容省略。

日本職業一覽表

大分類	中分類	小分類
管理職	管理職公務員	管理職公務員
	法人、團體董事	公司董事／其他法人、團體董事
	法人、團體管理職	公司管理職／其他法人、團體管理職
	其他管理職	其他管理職
專業職、技術職	研究者	研究者
	農水產技術者	農水產技術者
	技術開發人員	食品開發技術人員／電力、電子、電力通訊開發技術人員（通訊網路除外）／機械開發技術人員／汽車開發技術人員／金屬製鍊、材料開發技術人員／化學產品開發技術人員等
	製造技術者	食品製造技術者／電力・電子・電力通訊製造技術者（通訊網路除外）／機械製造技術者／汽車製造技術者金屬材料製造技術者／化學品製造技術者
	建築、土木、測量技術者	建築技術者／土木技術者／測量技術者
	情報處理、通訊技術者	系統顧問／系統設計技術者／情報處理專案經理／軟體開發技術者／系統運用管理者／通訊網路技術者等
	其他技術者	其他技術者
	醫師、牙醫、獸醫、藥劑師	醫師、牙醫、獸醫、藥劑師
	保健師、助產師、護理師	保健師／助產師／護理師、準護理師
	醫療技術人員	醫事放射師／臨床工學技士／醫事檢驗師／物理治療師／職能治療師／視覺矯正師、聽力師、語言治療師／口腔衛生師／牙體技術師
	其他保健醫療職業	營養師、營養管理師／按摩指壓師、針灸治療師／柔道整復師／其他未分類的保健醫療職業
	社會福利專業職	福利諮詢、指導專員／福利設施指導專員／保母／其他社會福利專業職
	法務職業	法官／檢察官／律師／專利師／司法書士／其他法務職業
	經營、金融、保險專業職	會計師／稅理師／社會保險勞務士／金融、保險專業職／其他經營、金融、保險專業職
	教育職業	幼稚園教師／小學教師／中學教師／高中教師／中等教育學校教師／特殊教育老師／高等專門學校教師／大學教師／其他教育職業
	宗教家	宗教家
	作家、記者、編輯	作家、記者、編輯
	美術家、設計師、攝影師、影片創作者	雕刻家／畫家、書法家、漫畫家／工藝美術家／設計師／攝影師、影片創作者
	音樂家、舞台藝術家	音樂家／舞蹈家／演員／製作人、導播／演藝家
	其他專門職業	圖書館司書／學藝員／諮商師／家庭教師／職業運動家／通訊機器操作員等
事務職	一般事務職	總務事務員／人事事務員／櫃台、導引事務員／祕書／客戶服務事務員／醫療、照護事務員等
	會計事務職	現金出納事務員／銀行等櫃台承辦人員／會計事務員／其他會計事務職
	生產相關事務職	生產現場事務員／出貨、收貨相關事務員
	業務、銷售相關事務職	業務、銷售事務員／其他業務、銷售相關事務職
	外勤事務職	收費員／問卷調查員／其他外勤事務職
	運輸、郵寄事務職	旅客、貨物相關事務員／運行管理事務員／郵寄事務員
	事務用機器操作職	個人電腦操作員／資料輸入員等
銷售職	商品銷售職	零售店老闆、店長／批發商老闆、店長／零售店店員／批發商、食品展示銷售員／商品推銷、行動銷售員／資源垃圾回收者、批發商／採購營業員
	買賣仲介、經紀等職業	不動產仲介、經紀人／保險代理人、經紀人／有價證券買賣人或經紀人、金融經紀人／當鋪店主、店員／其他買賣仲介、經紀等職
	業務職	飲料食品業務員／化學品業務員（醫藥品除外）／醫藥品業務員／機械器具業務員／通訊、資訊系統業務員／金融、保險業務員／不動產業務員／其他業務職

後記

我們現在能做的，就是好好著眼於未來！

藤田晃之（筑波大學人類系教育學域教授）

正因為未來無法預測，更要從現在好好思考

各位長大後有想從事什麼職業，或是有想做的事嗎？

相信一定有人早已決定好了，但也有人還不知道想做什麼，不過，我想最多人的想法應該是「我有感興趣的職業與工作，但不知道將來是否能實現」吧？

沒錯，有些人確實有想做的職業或工作，但不是每個人都能如願，那些不能如願的人都有一個共通點，就是「無法準確預測未來」。由於無法預測未來，因此有時候一想到將來的事情，難免會感到不安。如果這時候能從哆啦A夢的百寶袋拿出「時光機」與「時光電視」來用，或許就能讓自己安心。可惜我們身邊沒有哆啦A夢，大家都不能看見自己的未來。

既然如此，花時間思考無法得知的未來，會不會浪費時間呢？答案是不會，一點都不會浪費時間。各位到成年為止，還有許多時間，正因為你們的時間都很充裕，正因為將來是無法預測的，更應該好好著眼於未來，為未來做準備。

無論過去與現在，社會已經有顯著的改變

某位美國研究家曾經說過：「二〇一一年度進入美國小學就讀的新生中，未來有六成五的比例將從事現在沒有的新工作。」由此可見，隨著時間過去，新工作也會急速產生。

請各位翻閱本書第八十七頁的圖表，圖表顯示，日本大約在一百年之間，國內的第一級產業大幅減少。一九二〇年，有百分之五十三點八的勞工從事第一級產業；一九八〇年減少至百分之十點九；二〇一五年減少至百分之四。各位請注意，從一九八〇年到二〇一五年，只過了三十五年。

對各位來說，三十五年可能是很漫長的歲月。假設各位今年十歲，三十五年之後，各位是四十五歲，正是活躍於社會的年紀。也就是說，一九八〇年的十歲小學生，成長至四十五歲的這段期間裡，從事第一級產業的勞動人口比例不到一半，相反的，從事第三級產業的人快速增加。

過去隨著社會變遷，一部分的職業與工作大幅減少，新職業與工作不斷誕生，這是極為普遍的現象。不是只有各位這個世代才面臨「瞬息萬變的社會」，社會變遷是常態，職業與工作都是隨著社會變遷持續演變。

思考未來為何如此重要？

在瞬息萬變的社會現況中，為什麼從小學時期就面對未來會如此重要？

首先，我想告訴各位關注不斷出現的新職業與工作的重要性。各位未來將會投入並成為支柱的社會，將受到人工智慧等高度技術革新的影響，無論是社會樣貌、職業與工作的變化速度都會加快。不僅如此，二〇二〇年蔓延全球的新冠疫情，大幅改變了我們的生活方式。為了適應這樣的社會變化，我們一定要正確掌握變化趨勢才行。簡單來說，各位必須好好注意自己未來將投入並成為支柱的社會變化、職業變化與工作變化。

其次，各位也要培養出察覺這些變化對自己有何意義的觀察力，這一點很重要。在急速變化的職業與工作中，存在著各位想做的工作，以及可以發揮自身專長的事情。在關鍵時刻，各位不要在意別人怎麼想，而是要能辨別出「這個機會對自己很重要」。也就是說，平時就要思考自己想做的事、自己擅長的事以及自己應該做的事，而且要懂得如何運用，否則遇到突如其來的新職業與新工作，根本無法意識到這就是自己要的。

各年級的班級職務隱藏著自己的「喜好」與「專長」

各位在班上擔任什麼職務呢？你選擇該項職務又有什麼原因呢？為了讓班上所

有人度過愉快舒適且豐富的校園生活，每個人都能依照自己的興趣、關注程度與專長，選擇喜歡的職務擔任。也就是說，各位選擇現有職務的原因，隱藏著自己「想做的事」與「擅長的事」。

各位的「現在」與「未來」緊密相連，你不妨回頭想想自己現在積極投入和努力的事情。自己主動參與、認真努力的事情，都蘊藏著「想做」的想法或「值得去做」的價值，更何況班級職務是為了班上所有人做出貢獻。各位現在如果積極參與自己的班級職務，想必一定有所「感觸」，這一點與職業的「社會性」和「個人性」（請參閱本書第三十頁）相關。可以說各位早就從班級職務中，不知不覺的經歷了與未來職業相關的重要體驗。

衷心希望本書能夠讓各位察覺到「現在」與「未來」的關聯性，幫助各位面對自己的將來。祈願每個人將來都找到能夠在社會中善盡職責、實現自己的生存之道。

藤田晃之

一九六三年出生於日本茨城縣，一九九三年修完筑波大學研究所博士課程教育研究科學分後休學。歷任筑波大學研究所副教授等職，二〇〇八年起擔任文部科學省國立教育政策研究所學生指導・升學就業指導研究中心統籌研究官暨同省初等中等教育局兒童學生課學生指導調查官（負責職涯教育）。二〇一三年起就任筑波大學人類系教育學域教授。著作包括《職涯教育基礎論》（實業之日本社）等。

哆啦A夢知識大探索 2

萬能工作體驗箱

●漫畫／藤子・F・不二雄

●原書名／ドラえもん探究ワールド——仕事の歴史とこれから

●日文版審訂／Fujiko Pro、藤田晃之（日本筑波大學人類系教育學域教授）

●日文版撰文／藤澤三毅、石川遍

●日文版美術設計／松岡慎吾　●日文版封面設計／有泉勝一（Timemachine）

●日文版編輯／松本直子　●插圖／Iwaiyoriyoshi

●翻譯／游韻馨　●台灣版審訂／呂亮震

【參考文獻、網站】

《有更想做的工作！》（池上彰／小學館）、《生活的世界歷史10工業革命與大眾》（角山榮、村岡健次、川北稔／河出書房新社）、《新工作大未來：從13歲開始迎向世界》（村上龍／幻冬舍）、《尋找未來的夢想！234種職業》（阪東真理子，監修／集英社）、《文明的誕生美索不達米亞、羅馬、日本》（小林登志子／中央公論新社）、《實戰！以遠端工作進行「工作方式改革」》（一般社團法人日本遠端工作協會，監修／日本經濟新聞出版）

網站：人事院／內閣府／防衛廳／總務省／檢察廳／外務省／厚生勞動省／農林水產省／經濟產業省／關東農政局／警視廳／東京消防廳／日本生產性本部／日本農業檢定協會／日本律師連合會

發行人／王榮文

出版發行／遠流出版事業股份有限公司

地址：104005 台北市中山北路一段 11 號 13 樓

電話：(02)2571-0297　傳真：(02)2571-0197　郵撥：0189456-1

著作權顧問／蕭雄淋律師

2021 年 8 月 1 日 初版一刷　2024 年 6 月 1 日 二版一刷

定價／新台幣 350 元（缺頁或破損的書，請寄回更換）

ISBN 978-626-361-663-9

遠流博識網　http://www.ylib.com　E-mail:ylib@ylib.com

◎日本小學館正式授權台灣中文版

● 發行所／台灣小學館股份有限公司

● 總經理／齋藤滿

● 產品經理／黃馨瑝

● 責任編輯／李宗幸

● 美術編輯／蘇彩金

國家圖書館出版品預行編目資料(CIP)

萬能工作體驗箱 / 日本小學館編輯撰文；藤子・F・不二雄漫畫；游韻馨翻譯．-- 二版．-- 台北市：遠流出版事業股份有限公司，2024.6

面；　公分．--（哆啦 A 夢知識大探索；2）

譯自：ドラえもん探究ワールド：仕事の歴史とこれから

ISBN 978-626-361-663-9(平裝)

1.CST: 職業　2.CST: 歷史　3.CST: 漫畫

542.76　　113004866

※ 本書為 2020 年日本小學館出版的《仕事の歷史とこれから》台灣中文版，在台灣經重新審閱、編輯後發行，因此少部分內容與日文版不同，特此聲明。